Kuchnia Tajlandzka
Egzotyczne Smaki Kraju Uśmiechu

Karolina Nowak

Streszczenie

Krewetki z sosem liczi 10
Krewetki smażone z mandarynkami 11
Krewetki z sosem mielonym 12
Krewetki Z Chińskimi Pieczarkami 13
Smażone krewetki i groszek 14
Krewetki z chutneyem z mango 15
Kulki krewetkowe smażone z sosem cebulowym 16
Krewetki mandarynki z groszkiem 17
Krewetki po pekińsku 18
Krewetki Z Papryką 19
Smażone krewetki z wieprzowiną 20
Smażony krab królewski z sosem sherry 21
smażone krewetki z sezamem 22
Gotowane na parze krewetki w skorupkach 23
Smażone krewetki 24
krewetka w tempurze 25
pod gumą 26
Krewetki Z Tofu 27
Krewetki z pomidorkami koktajlowymi 28
Krewetki z sosem pomidorowym 29
Krewetki z pomidorkami koktajlowymi i sosem chilli 30
Smażone krewetki z sosem pomidorowym 31
Krewetki Z Warzywami 32
Krewetki z kasztanami wodnymi 33
Wontony z krewetek 34
z kurczakiem Abalone 35
Abalone ze szparagami 36
Abalone z grzybami 37
Abalone z sosem ostrygowym 38
małże gotowane na parze 39
Małże z kiełkami fasoli 39
Małże z imbirem i czosnkiem 40

smażone małże 41
ciasteczka krabowe 42
Krem na raka 43
Chiński krab z liśćmi 44
Krab Foo Yung z kiełkami fasoli 45
krab imbirowy 46
Krab Lo Mein 47
Smażony krab z wieprzowiną 48
Mięso kraba gotowane na parze 49
Smażone kulki z kalmarów 50
Homar po kantońsku 51
smażony homar 52
Homar na parze z szynką 53
Homar Z Pieczarkami 54
Ogon homara z wieprzowiną 55
smażony homar 56
gniazda homarów 58
Małże w sosie z czarnej fasoli 59
Małże z imbirem 60
Małże na parze 61
smażone ostrygi 62
Ostrygi Z Boczkiem 63
Smażone ostrygi z imbirem 64
Ostrygi z sosem z czarnej fasoli 65
Przegrzebki z pędami bambusa 66
Przegrzebki z ikrą 67
Przegrzebki Z Brokułami 68
Przegrzebki z imbirem 70
małże z szynką 71
Jajecznica z przegrzebkami i ziołami 72
Pieczone małże i cebula 73
Przegrzebki z warzywami 74
Przegrzebki z papryką 75
Kalmary z kiełkami fasoli 76
smażona kałamarnica 77
Paczki kalmarów 78

Roladki Smażone Kalmary 79
smażona kałamarnica 81
Kalmary z suszonymi grzybami 81
Kalmary z warzywami 82
Anyżowy gulasz wołowy 83
Cielęcina Ze Szparagami 84
Wołowina z pędami bambusa 85
Wołowina z pędami bambusa i grzybami 86
Duszona chińska wołowina 87
Wołowina z kiełkami fasoli 88
Wołowina z brokułami 90
Sezamowa Wołowina Z Brokułami 91
Grillowane mięso 92
Mięso po kantońsku 93
Wołowina z marchewką 94
Wołowina z orzechami nerkowca 95
Wolnowar z wołowiny 96
Wołowina z kalafiorem 97
Cielęcina z selerem 98
Plasterki rostbefu z selerem 99
Plastry wołowiny z kurczakiem i selerem 100
Mięso z chili 101
kapusta pekińska 103
Suey Kotlet Cielęcy 104
wołowina z ogórkiem 105
mięso chow mein 106
stek z ogórka 108
Pieczona wołowina z curry 109
uchowiec marynowany 110
Pędy bambusa gotowane na parze 111
Kurczak Ogórek 112
sezamowy Kurczak 113
liczi z imbirem 114
Czerwone gotowane skrzydełka z kurczaka 115
Mięso kraba z ogórkiem 116
marynowane grzyby 117

Marynowane pieczarki czosnkowe 118
Krewetki i kalafior 119
Paluszki z szynki sezamowej 120
zimne tofu 121
Kurczak Z Boczkiem 122
Frytki z kurczaka i banana 123
Kurczak Z Imbirem I Pieczarkami 124
kurczak i szynka 126
Grillowana wątróbka drobiowa 127
Kulki krabowe z kasztanami wodnymi 128
zmniejszyć sumę 129
Roladki z kurczaka i szynki 130
Loki gotowanej szynki 132
pseudowędzona ryba 133
pieczarki na parze 135
Pieczarki w sosie ostrygowym 136
Rolada wieprzowa i sałatka 137
Klopsiki wieprzowe i kasztanowe 139
Pierogi wieprzowe 140
Kotleciki wieprzowe i wołowe 141
krewetki motylkowe 142
krewetki chińskie 143
smocze chmury 144
chrupiące krewetki 145
Krewetki z sosem imbirowym 146
Roladki Makaronowe I Krewetki 147
krewetki Toast 149
Wontony wieprzowo-krewetkowe z sosem słodko-kwaśnym 150
Rosół 152
Zupa z wieprzowiny i kiełków fasoli 153
Zupa z Abalone i Pieczarek 154
Zupa z kurczaka i szparagów 156
Zupa z wołowiny 157
Chińska zupa z wołowiny i liści 158
Kapuśniak 159
pikantna zupa z wołowiny 160

niebiańska zupa 162
Zupa z kurczaka i pędów bambusa 163
Zupa Z Kurczaka I Kukurydzy 164
Zupa Kurczak Imbir 165
Chińska Zupa Pieczarkowa Z Kurczaka 166
Zupa z kurczaka i ryżu 167
Zupa Kokosowa Z Kurczaka 168
Chowder z mięczaków 169
zupa jajeczna 170
Zupa z kraba i małży 171
zupa krabowa 173
Zupa rybna 174
Zupa rybna i sałatka 175
Zupa imbirowa z klopsikami 177
gorąca i kwaśna zupa 178
Zupa grzybowa 179
Zupa z grzybów i kapusty 180
Zupa Jajeczna Pieczarkowa 181
Zupa grzybowo-kasztanowa na wodzie 182
Zupa Z Wieprzowiny I Pieczarek 183
Zupa z wieprzowiny i rukwi wodnej 184
Zupa Ogórkowa Wieprzowina 185
Zupa z klopsikami i makaronem 186
Zupa ze szpinaku i tofu 187
Sok ze słodkiej kukurydzy i kraba 188
Zupa Syczuańska 189
zupa z tofu 191
Zupa rybna i tofu 192
Zupa pomidorowa 193
Zupa pomidorowo-szpinakowa 194
zupa z rzepy 195
zupa 196
zupa wegetariańska 197
zupa z rukwii wodnej 198
Smażona ryba z warzywami 199
Smażona cała ryba 201

Ryba sojowa na parze 202
Ryba sojowa z sosem ostrygowym 203
okoń morski gotowany na parze 205
Ryba na parze z pieczarkami 206
słodko kwaśna ryba 208
Ryba faszerowana wieprzowiną 210
Pikantny karp gotowany na parze 212

Krewetki z sosem liczi

Serwuje 4

50 g / 2 uncje / ¬Ω filiżanka (uniwersalna)
Mąka
2,5 ml / ¬Ω łyżeczki soli
1 jajko, lekko ubite
30 ml / 2 łyżki wody
450 g obranych krewetek
smażymy na oleju
30 ml / 2 łyżki oleju arachidowego (arachidowego).
2 plasterki korzenia imbiru, posiekane
30 ml / 2 łyżki octu winnego
5 ml / 1 łyżeczka cukru
2,5 ml / ¬Ω łyżeczki soli
15 ml / 1 łyżka sosu sojowego
200 g liczi z puszki, odsączone

Z mąki, soli, jajka i wody wyrobić ciasto, w razie potrzeby dodać trochę wody. Wmieszaj krewetki, aż dobrze się pokryją. Rozgrzać olej i smażyć krewetki na złoty kolor i chrupkość w ciągu kilku minut. Odsącz je na papierze kuchennym i umieść w gorącej misce. W międzyczasie rozgrzej olej i smaż imbir przez 1 minutę. Dodać ocet winny, cukier, sól i sos sojowy. Dodaj liczi i mieszaj, aż będą gorące i pokryte sosem. Polać krewetkami i od razu podawać.

Krewetki smażone z mandarynkami

Serwuje 4

60 ml / 4 łyżki oleju arachidowego (arachidowego).
1 ząbek czosnku, rozgnieciony
1 plasterek korzenia imbiru, posiekany
450 g obranych krewetek
30ml / 2 łyżki wina ryżowego lub wytrawnej sherry 30ml / 2 łyżki sosu sojowego
15 ml / 1 łyżka mąki kukurydzianej (skrobi kukurydzianej)
45 ml / 3 łyżki wody

Rozgrzej olej i smaż czosnek i imbir na złoty kolor. Dodaj krewetki i smaż przez 1 minutę. Dodaj wino lub sherry i dobrze wymieszaj. Dodaj sos sojowy, skrobię kukurydzianą i wodę i gotuj na wolnym ogniu przez 2 minuty.

Krewetki z sosem mielonym

Serwuje 4

5 suszonych grzybów chińskich

225 g kiełków fasoli

60 ml / 4 łyżki oleju arachidowego (arachidowego).

5 ml / 1 łyżeczka soli

2 łodygi selera, posiekane

4 dymki (szalotka), posiekane

2 ząbki czosnku, posiekane

2 plasterki korzenia imbiru, posiekane

60 ml / 4 łyżki wody

15 ml / 1 łyżka sosu sojowego

15 ml / 1 łyżka wina ryżowego lub wytrawnego sherry

225 g groszku śnieżnego (grochu)

225 g obranych krewetek

15 ml / 1 łyżka mąki kukurydzianej (skrobi kukurydzianej)

Grzyby moczymy przez 30 minut w ciepłej wodzie, następnie odcedzamy. Usuń łodygi i odetnij wierzchołki. Blanszuj kiełki fasoli we wrzącej wodzie przez 5 minut, a następnie dobrze odsącz. Rozgrzej połowę oleju i podsmaż sól, seler, dymkę i kiełki fasoli przez 1 minutę, a następnie zdejmij z patelni.

Rozgrzej pozostały olej i podsmaż czosnek i imbir na złoty kolor. Dodaj połowę wody, sos sojowy, wino lub sherry, groszek śnieżny i krewetki, zagotuj i gotuj przez 3 minuty. Połącz mąkę kukurydzianą i pozostałą wodę, połącz na patelni i mieszaj, aż sos zgęstnieje. Warzywa przełożyć z powrotem na patelnię, zagotować. Natychmiast podawaj.

Krewetki Z Chińskimi Pieczarkami

Serwuje 4

8 suszonych grzybów chińskich
45 ml / 3 łyżki oleju arachidowego (arachidowego).
3 plastry korzenia imbiru, posiekane
450 g obranych krewetek
15 ml / 1 łyżka sosu sojowego
5 ml / 1 łyżeczka soli
60 ml / 4 łyżki soku rybnego

Grzyby moczymy przez 30 minut w ciepłej wodzie, następnie odcedzamy. Usuń łodygi i odetnij wierzchołki. Rozgrzej połowę oleju i smaż imbir na złoty kolor. Dodaj krewetki, sos sojowy i sól i smaż, aż olej odparuje, a następnie zdejmij z patelni.

Rozgrzej pozostały olej i smaż grzyby, aż się zakryją. Dodaj bulion, zagotuj, przykryj i gotuj przez 3 minuty. Przełóż krewetki z powrotem na patelnię i mieszaj, aż się rozgrzeją.

Smażone krewetki i groszek

Serwuje 4

450 g obranych krewetek

5 ml / 1 łyżeczka oleju sezamowego

5 ml / 1 łyżeczka soli

30 ml / 2 łyżki oleju arachidowego (arachidowego).

1 ząbek czosnku, rozgnieciony

1 plasterek korzenia imbiru, posiekany

225 g mrożonego lub blanszowanego groszku, rozmrożonego

4 dymki (szalotka), posiekane

30 ml / 2 łyżki wody

sól i pieprz

Wymieszaj krewetki z olejem sezamowym i solą. Rozgrzej olej i smaż czosnek i imbir przez 1 minutę. Dodaj krewetki i smaż przez 2 minuty. Dodaj groszek i gotuj przez 1 minutę. Dodaj dymkę i wodę, dopraw solą, pieprzem i odrobiną oleju sezamowego do smaku. Przed podaniem ponownie podgrzać, dokładnie mieszając.

Krewetki z chutneyem z mango

Serwuje 4

12 krewetek

sól i pieprz

Sok z 1 cytryny

30 ml / 2 łyżki mąki kukurydzianej (skrobia kukurydziana)

1 mango

5 ml / 1 łyżeczka musztardy w proszku

5 ml / 1 łyżeczka miodu

30 ml / 2 łyżki śmietanki kokosowej

30 ml / 2 łyżki łagodnego curry w proszku

120 ml bulionu z kurczaka

45 ml / 3 łyżki oleju arachidowego (arachidowego).

2 ząbki czosnku, posiekane

2 dymki (szalotka), posiekane

1 koper włoski, mielony

100 g chutneyu z mango

Obierz krewetki ze skorupek, pozostawiając nienaruszone ogony. Posypać solą, pieprzem i sokiem z cytryny, a następnie posypać połową mąki kukurydzianej. Mango obrać, odciąć miąższ od kości, a następnie pokroić w kostkę. Wymieszaj musztardę, miód, śmietankę kokosową, curry w proszku, pozostałą skrobię kukurydzianą i bulion. Rozgrzej połowę oleju i smaż czosnek, dymkę i koper włoski przez 2 minuty. Dodać bulion, doprowadzić do wrzenia i gotować na wolnym ogniu przez 1 minutę. Dodać kostki mango i ostry sos, doprowadzić do wrzenia na małym ogniu, a następnie przełożyć na gorący półmisek. Rozgrzej pozostały olej i gotuj krewetki przez 2 minuty. Ułóż warzywa na wierzchu i natychmiast podawaj.

Kulki krewetkowe smażone z sosem cebulowym

Serwuje 4

3 jajka, lekko ubite
45 ml / 3 łyżki mąki (uniwersalnej).
sól i świeżo zmielony pieprz
450 g obranych krewetek
smażymy na oleju

15 ml / 1 łyżka oleju arachidowego (arachidowego).

2 cebule, posiekane

15 ml / 1 łyżka mąki kukurydzianej (skrobi kukurydzianej)

30 ml / 2 łyżki sosu sojowego

175 ml / 6 fl oz / ¬œ szklanki wody

Wymieszaj jajka, mąkę, sól i pieprz. Zanurz krewetki w cieście. Rozgrzej olej i smaż krewetki na złoty kolor. W międzyczasie rozgrzej olej i smaż cebulę przez 1 minutę. Resztę składników mieszamy do powstania piany, dodajemy cebulę i smażymy, mieszając, aż sos zgęstnieje. Odcedź krewetki i ułóż je w ciepłej misce. Polać sosem i od razu podawać.

Krewetki mandarynki z groszkiem

Serwuje 4

60 ml / 4 łyżki oleju arachidowego (arachidowego).

1 ząbek czosnku, posiekany

1 plasterek korzenia imbiru, posiekany

450 g obranych krewetek

30ml / 2 łyżki wina ryżowego lub wytrawnego sherry

225 g mrożonego groszku, rozmrożonego

30 ml / 2 łyżki sosu sojowego

15 ml / 1 łyżka mąki kukurydzianej (skrobi kukurydzianej)

45 ml / 3 łyżki wody

Rozgrzej olej i smaż czosnek i imbir na złoty kolor. Dodaj krewetki i smaż przez 1 minutę. Dodaj wino lub sherry i dobrze wymieszaj. Dodaj groszek i gotuj przez 5 minut. Dodaj pozostałe składniki i smaż przez 2 minuty.

Krewetki po pekińsku

Serwuje 4

30 ml / 2 łyżki oleju arachidowego (arachidowego).

2 ząbki czosnku, posiekane

1 plaster korzenia imbiru, drobno posiekany

225 g obranych krewetek

4 dymki (szalotka), pokrojone w grube plastry

120 ml bulionu z kurczaka

5 ml / 1 łyżeczka brązowego cukru

5 ml / 1 łyżeczka sosu sojowego

5 ml/1 łyżeczka sosu hoisin

5 ml / 1 łyżeczka sosu Tabasco

Rozgrzej olej z czosnkiem i imbirem i smaż, aż czosnek się lekko zrumieni. Dodaj krewetki i smaż przez 1 minutę. Dodaj szczypiorek i smaż przez 1 minutę. Dodaj pozostałe składniki, zagotuj, przykryj i gotuj na wolnym ogniu przez 4 minuty, od czasu do czasu mieszając. Sprawdź przyprawy i dodaj trochę Tabasco, jeśli chcesz.

Krewetki Z Papryką

Serwuje 4

30 ml / 2 łyżki oleju arachidowego (arachidowego).

1 zielona papryka, pokrojona w kostkę

450 g obranych krewetek

10 ml / 2 łyżeczki mąki kukurydzianej (skrobi kukurydzianej)

60 ml / 4 łyżki wody

5 ml / 1 łyżeczka wina ryżowego lub wytrawnego sherry

2,5 ml / ¬Ω łyżeczki soli

45 ml / 2 łyżki koncentratu pomidorowego √ © e (pasta)

Rozgrzej olej i smaż paprykę przez 2 minuty. Dodaj krewetki i pastę pomidorową i dobrze wymieszaj. Zmieszaj wodę z mąki kukurydzianej, wino lub sherry i sól, aby utworzyć pastę, wymieszaj na patelni i kontynuuj mieszanie, aż sos stanie się klarowny i zgęstnieje.

Smażone krewetki z wieprzowiną

Serwuje 4

225 g obranych krewetek
100 g chudej wieprzowiny, mielonej
60ml / 4 łyżki wina ryżowego lub wytrawnego sherry
1 białko jajka
45 ml / 3 łyżki mąki kukurydzianej (skrobia kukurydziana)
5 ml / 1 łyżeczka soli
15 ml / 1 łyżka wody (opcjonalnie)
90 ml / 6 łyżek oleju arachidowego (arachidowego).
45 ml / 3 łyżki soku rybnego
5 ml / 1 łyżeczka oleju sezamowego

Umieść krewetki i wieprzowinę w osobnych miskach. Wymieszaj 45 ml/3 łyżki wina lub sherry, białka jaj, 30 ml/2 łyżki skrobi kukurydzianej i sól do uzyskania gładkiej konsystencji, w razie potrzeby dodając wodę. Podziel mieszaninę między wieprzowinę i krewetki i dobrze wymieszaj, aby równomiernie pokryć. Rozgrzej olej i smaż wieprzowinę i krewetki na złoty kolor w ciągu kilku minut. Zdjąć z patelni i wlać wszystko oprócz 15 ml/1 łyżkę oleju. Dodaj bulion do rondla z resztą wina lub sherry i skrobią kukurydzianą. Doprowadzić do wrzenia i gotować, mieszając, aż sos zgęstnieje. Polać krewetkami i wieprzowiną i podawać skropione olejem sezamowym.

Smażony krab królewski z sosem sherry

Serwuje 4

50 g / 2 uncje / ¬Ω szklanki mąki uniwersalnej.

2,5 ml / ¬Ω łyżeczki soli

1 jajko, lekko ubite

30 ml / 2 łyżki wody

450 g obranych krewetek

smażymy na oleju

15 ml / 1 łyżka oleju arachidowego (arachidowego).

1 cebula, drobno posiekana

45ml / 3 łyżki wina ryżowego lub wytrawnego sherry

15 ml / 1 łyżka sosu sojowego

120 ml / 4 fl oz / ¬Ω szklanki soku rybnego

10 ml / 2 łyżeczki mąki kukurydzianej (skrobi kukurydzianej)

30 ml / 2 łyżki wody

Z mąki, soli, jajka i wody wyrobić ciasto, w razie potrzeby dodać trochę wody. Wmieszaj krewetki, aż dobrze się pokryją. Rozgrzać olej i smażyć krewetki na złoty kolor i chrupkość w ciągu kilku minut. Odsącz je na papierze kuchennym i umieść w gorącej misce. W międzyczasie rozgrzać olej i podsmażyć cebulę do miękkości. Dodaj wino lub sherry, sos sojowy i bulion, zagotuj i gotuj przez 4 minuty. Wymieszaj mąkę kukurydzianą i wodę, aby utworzyć pastę, wlej do rondla i kontynuuj mieszanie, aż sos stanie się klarowny i zgęstnieje. Sosem polać krewetki i podawać.

smażone krewetki z sezamem

Serwuje 4

450 g obranych krewetek

¬Ω białko jajka

5 ml / 1 łyżeczka sosu sojowego

5 ml / 1 łyżeczka oleju sezamowego

50 g / 2 oz / ¬Ω szklanki mąki kukurydzianej (skrobia kukurydziana)
sól i świeżo zmielony biały pieprz
smażymy na oleju
60 ml / 4 łyżki sezamu
Liście sałaty

Krewetki wymieszać z białkiem jaja, sosem sojowym, olejem sezamowym, skrobią kukurydzianą, solą i pieprzem. Dodaj trochę wody, jeśli mieszanina jest zbyt gęsta. Rozgrzej olej i smaż krewetki przez kilka minut, aż się lekko zrumienią. W międzyczasie krótko uprażyć sezam na suchej patelni na złoty kolor. Odcedź krewetki i wymieszaj je z sezamem. Podawać na łożu z sałaty.

Gotowane na parze krewetki w skorupkach

Serwuje 4

60 ml / 4 łyżki oleju arachidowego (arachidowego).
750 g obranych krewetek
3 dymki (szalotka), posiekane
3 plastry korzenia imbiru, posiekane

2,5 ml / ½ łyżeczki soli

15 ml / 1 łyżka wina ryżowego lub wytrawnego sherry

120 ml / 4 fl oz / ½ kubek ketchupu pomidorowego (ketchup)

15 ml / 1 łyżka sosu sojowego

15 ml / 1 łyżka cukru

15 ml / 1 łyżka mąki kukurydzianej (skrobi kukurydzianej)

60 ml / 4 łyżki wody

Rozgrzej olej i smaż krewetki przez 1 minutę (jeśli są ugotowane) lub do momentu, aż staną się różowe, jeśli są surowe. Dodaj dymkę, imbir, sól i wino lub sherry i smaż przez 1 minutę. Dodaj ketchup, sos sojowy i cukier i gotuj na wolnym ogniu przez 1 minutę. Wymieszaj skrobię kukurydzianą i wodę, wlej do rondla i gotuj, mieszając, aż sos stanie się klarowny i zgęstnieje.

Smażone krewetki

Serwuje 4

75 g / 3 uncje / czubata szklanka mąki kukurydzianej (skrobi kukurydzianej)

1 białko jajka

5 ml / 1 łyżeczka wina ryżowego lub wytrawnego sherry

sól

350 g obranych krewetek

smażymy na oleju

Wymieszaj skrobię kukurydzianą, białka jaj, wino lub sherry i szczyptę soli, aby uzyskać gęste ciasto. Zanurz krewetki w cieście, aż będą dobrze pokryte. Rozgrzej olej i smaż krewetki przez kilka minut na złoty kolor. Zdjąć z oleju, rozgrzać, aż będzie gorący, a następnie ponownie usmażyć krewetki, aż będą chrupiące i złocistobrązowe.

krewetka w tempurze

Serwuje 4

450 g obranych krewetek

30 ml / 2 łyżki mąki (uniwersalnej).

30 ml / 2 łyżki mąki kukurydzianej (skrobia kukurydziana)

30 ml / 2 łyżki wody

2 ubite jajka

smażymy na oleju

Przetnij krewetki na pół po wewnętrznej stronie krzywizny i rozłóż je, tworząc motyla. Wymieszaj mąkę, skrobię kukurydzianą i wodę na ciasto, a następnie dodaj jajka. Rozgrzej olej i smaż krewetki na złoty kolor.

pod gumą

Serwuje 4

30 ml / 2 łyżki oleju arachidowego (arachidowego).
2 dymki (szalotka), posiekane
1 ząbek czosnku, rozgnieciony
1 plasterek korzenia imbiru, posiekany
100 g piersi z kurczaka pokrojonej w paski
100 g szynki pokrojonej w paski
100 g pędów bambusa pokrojonych w paski
100 g kasztanów wodnych pokrojonych w paski
225 g obranych krewetek
30 ml / 2 łyżki sosu sojowego
30ml / 2 łyżki wina ryżowego lub wytrawnego sherry
5 ml / 1 łyżeczka soli
5 ml / 1 łyżeczka cukru
5 ml / 1 łyżeczka mąki kukurydzianej (skrobi kukurydzianej)

Rozgrzej olej i smaż cebulę, czosnek i imbir na złoty kolor. Dodaj kurczaka i smaż przez 1 minutę. Dodaj szynkę, pędy bambusa i kasztany wodne i smaż przez 3 minuty. Dodaj krewetki i smaż przez 1 minutę. Dodaj sos sojowy, wino lub sherry, sól i cukier i gotuj na wolnym ogniu przez 2 minuty. Mąkę kukurydzianą wymieszać z odrobiną wody, wlać do garnka i gotować na małym ogniu, mieszając, przez 2 minuty.

Krewetki Z Tofu

Serwuje 4

45 ml / 3 łyżki oleju arachidowego (arachidowego).
225 g pokrojonego w kostkę tofu
1 dymka (cebula), drobno posiekana
1 ząbek czosnku, rozgnieciony
15 ml / 1 łyżka sosu sojowego
5 ml / 1 łyżeczka cukru
90 ml / 6 łyżek soku rybnego
225 g obranych krewetek
15 ml / 1 łyżka mąki kukurydzianej (skrobi kukurydzianej)
45 ml / 3 łyżki wody

Rozgrzej połowę oleju i smaż tofu, aż się lekko zrumieni, a następnie zdejmij z patelni. Rozgrzej pozostały olej i podsmaż cebulę i czosnek na złoty kolor. Dodaj sos sojowy, cukier i bulion i zagotuj. Dodaj krewetki i mieszaj na małym ogniu przez 3 minuty. Wymieszaj mąkę kukurydzianą i wodę, aż stanie się pastą, wymieszaj ją na patelni i gotuj na wolnym ogniu, mieszając, aż sos zgęstnieje. Umieść tofu z powrotem na patelni i gotuj na wolnym ogniu.

Krewetki z pomidorkami koktajlowymi

Serwuje 4

2 białka jaj
30 ml / 2 łyżki mąki kukurydzianej (skrobia kukurydziana)
5 ml / 1 łyżeczka soli
450 g obranych krewetek
smażymy na oleju
30ml / 2 łyżki wina ryżowego lub wytrawnego sherry
225 g pomidorów, obranych, pozbawionych gniazd nasiennych i pokrojonych

Wymieszaj białka, skrobię kukurydzianą i sól. Dodaj krewetki, aż będą dobrze pokryte. Rozgrzej olej i smaż krewetki, aż będą ugotowane. Wlać wszystko oprócz 15 ml/1 łyżkę oleju i podgrzać. Dodaj wino lub sherry i pomidory i zagotuj. Dodaj krewetki i szybko podgrzej przed podaniem.

Krewetki z sosem pomidorowym

Serwuje 4

30 ml / 2 łyżki oleju arachidowego (arachidowego).

1 ząbek czosnku, rozgnieciony

2 plasterki korzenia imbiru, posiekane

2,5 ml / ¬Ω łyżeczki soli

15 ml / 1 łyżka wina ryżowego lub wytrawnego sherry

15 ml / 1 łyżka sosu sojowego

6 ml / 4 łyżki ketchupu

120 ml / 4 fl oz / ¬Ω szklanki soku rybnego

350 g obranych krewetek

10 ml / 2 łyżeczki mąki kukurydzianej (skrobi kukurydzianej)

30 ml / 2 łyżki wody

Rozgrzej olej i smaż czosnek, imbir i sól przez 2 minuty. Dodaj wino lub sherry, sos sojowy, ketchup i bulion i zagotuj. Dodaj krewetki, przykryj i gotuj przez 2 minuty. Mąkę kukurydzianą i wodę wymieszać na pastę, wlać do rondla i gotować na wolnym ogniu, mieszając, aż sos stanie się klarowny i zgęstnieje.

Krewetki z pomidorkami koktajlowymi i sosem chilli

Serwuje 4

60 ml / 4 łyżki oleju arachidowego (arachidowego).

15 ml / 1 łyżka mielonego imbiru

15 ml / 1 łyżka rozgniecionego czosnku

15 ml / 1 łyżka posiekanego szczypiorku

60 ml / 4 łyżki koncentratu pomidorowego √ © e (pasta)

15 ml / 1 łyżka ostrego sosu

450 g obranych krewetek

15 ml / 1 łyżka mąki kukurydzianej (skrobi kukurydzianej)

15 ml / 1 łyżka wody

Rozgrzej olej i smaż imbir, czosnek i dymkę przez 1 minutę. Dodaj koncentrat pomidorowy i gorący sos i dobrze wymieszaj. Dodaj krewetki i smaż przez 2 minuty. Wymieszaj mąkę kukurydzianą i wodę na gładką masę, dodaj do garnka i gotuj na wolnym ogniu, aż sos zgęstnieje. Natychmiast podawaj.

Smażone krewetki z sosem pomidorowym

Serwuje 4

50 g / 2 uncje / ¬Ω szklanki mąki uniwersalnej.

2,5 ml / ¬Ω łyżeczki soli

1 jajko, lekko ubite

30 ml / 2 łyżki wody

450 g obranych krewetek

smażymy na oleju

30 ml / 2 łyżki oleju arachidowego (arachidowego).

1 cebula, drobno posiekana

2 plasterki korzenia imbiru, posiekane

75 ml / 5 łyżek ketchupu

10 ml / 2 łyżeczki mąki kukurydzianej (skrobi kukurydzianej)

30 ml / 2 łyżki wody

Z mąki, soli, jajka i wody wyrobić ciasto, w razie potrzeby dodać trochę wody. Wmieszaj krewetki, aż dobrze się pokryją. Rozgrzać olej i smażyć krewetki na złoty kolor i chrupkość w ciągu kilku minut. Osącz na papierowym ręczniku.

W międzyczasie rozgrzej olej i podsmaż cebulę i imbir, aż będą miękkie. Dodaj ketchup i gotuj przez 3 minuty. Wymieszaj mąkę kukurydzianą i wodę, aż stanie się pastą, wymieszaj ją na patelni i gotuj na wolnym ogniu, mieszając, aż sos zgęstnieje. Dodaj krewetki na patelnię i smaż, aż się rozgrzeją. Natychmiast podawaj.

Krewetki Z Warzywami

Serwuje 4

15 ml / 1 łyżka oleju arachidowego (arachidowego).

225 g / 8 uncji różyczek brokuła

225 g borowików

225 g pędów bambusa, pokrojonych w plastry

450 g obranych krewetek

120 ml bulionu z kurczaka

5 ml / 1 łyżeczka mąki kukurydzianej (skrobi kukurydzianej)

5 ml / 1 łyżeczka sosu ostrygowego

2,5 ml / ¬Ω łyżeczki cukru

2,5 ml / ¬Ω łyżeczki startego korzenia imbiru

szczypta świeżo zmielonego pieprzu

Rozgrzej olej i smaż brokuły przez 1 minutę. Dodaj grzyby i pędy bambusa i smaż przez 2 minuty. Dodaj krewetki i smaż przez 2 minuty. Pozostałe składniki wymieszać i dodać do krewetek. Doprowadzić do wrzenia, mieszając, a następnie gotować przez 1 minutę, ciągle mieszając.

Krewetki z kasztanami wodnymi

Serwuje 4

60 ml / 4 łyżki oleju arachidowego (arachidowego).

1 ząbek czosnku, posiekany

1 plasterek korzenia imbiru, posiekany

450 g obranych krewetek

30 ml / 2 łyżki wina ryżowego lub wytrawnego sherry 225 g / 8 uncji kasztanów wodnych, pokrojonych w plastry

30 ml / 2 łyżki sosu sojowego

15 ml / 1 łyżka mąki kukurydzianej (skrobi kukurydzianej)

45 ml / 3 łyżki wody

Rozgrzej olej i smaż czosnek i imbir na złoty kolor. Dodaj krewetki i smaż przez 1 minutę. Dodaj wino lub sherry i dobrze wymieszaj. Dodaj kasztany wodne i smaż przez 5 minut. Dodaj pozostałe składniki i smaż przez 2 minuty.

Wontony z krewetek

Serwuje 4

450 g obranych krewetek, pokrojonych na małe kawałki

225 g posiekanych warzyw mieszanych

15 ml / 1 łyżka sosu sojowego

2,5 ml / ¬Ω łyżeczki soli

kilka kropli oleju sezamowego

40 skór wontonów

smażymy na oleju

Wymieszaj krewetki, warzywa, sos sojowy, sól i olej sezamowy.

Aby złożyć wontony, chwyć skórkę w lewą dłoń i wlej trochę nadzienia na środek. Brzegi posmarować jajkiem i złożyć skórkę w trójkąt, sklejając brzegi. Zwilżyć rogi jajkiem i zwinąć.

Rozgrzać olej i smażyć wontony jeden po drugim na złoty kolor. Dobrze odcedź przed podaniem.

z kurczakiem Abalone

Serwuje 4

400 g uchowca z puszki

30 ml / 2 łyżki oleju arachidowego (arachidowego).

100 g piersi z kurczaka, pokrojonej w kostkę

100 g pędów bambusa, pokrojonych w plasterki

250 ml / 8 uncji / 1 szklanka bulionu rybnego

15 ml / 1 łyżka wina ryżowego lub wytrawnego sherry

5 ml / 1 łyżeczka cukru

2,5 ml / ¬Ω łyżeczki soli

15 ml / 1 łyżka mąki kukurydzianej (skrobi kukurydzianej)

45 ml / 3 łyżki wody

Odcedzamy i kroimy, sok odstawiamy. Rozgrzać olej i smażyć pierś z kurczaka na jasnobrązowy kolor. Dodać uchowca i pędy bambusa i smażyć mieszając przez 1 minutę. Dodaj płyn z abalone, bulion, wino lub sherry, cukier i sól, zagotuj i gotuj na wolnym ogniu przez 2 minuty. Wymieszaj mąkę kukurydzianą i wodę na pastę i gotuj na wolnym ogniu, mieszając, aż sos zgęstnieje i rozjaśni się. Natychmiast podawaj.

Abalone ze szparagami

Serwuje 4

10 suszonych grzybów chińskich
30 ml / 2 łyżki oleju arachidowego (arachidowego).
15 ml / 1 łyżka wody
225 g szparagów
2,5 ml / ¬Ω łyżeczki sosu rybnego
15 ml / 1 łyżka mąki kukurydzianej (skrobi kukurydzianej)
225g/8 uncji uchowca z puszki, pokrojonego
60 ml / 4 łyżki bulionu
¬Ω mała marchewka pokrojona w plasterki
5 ml / 1 łyżeczka sosu sojowego
5 ml / 1 łyżeczka sosu ostrygowego
5 ml / 1 łyżeczka wina ryżowego lub wytrawnego sherry

Grzyby moczymy przez 30 minut w ciepłej wodzie, następnie odcedzamy. Odrzuć łodygi. Podgrzej 15 ml/1 łyżkę oleju z wodą i smaż kapelusze pieczarek przez 10 minut. W międzyczasie ugotuj szparagi we wrzącej wodzie do miękkości z sosem rybnym i 1 łyżeczką/5 ml skrobi kukurydzianej. Dobrze odcedź i umieść na gorącym talerzu razem z grzybami. Trzymaj je ciepło. Rozgrzej pozostały olej i smaż abalone przez kilka sekund, a następnie dodaj bulion, marchew, sos sojowy, sos ostrygowy, wino lub sherry i pozostałą mąkę kukurydzianą. Gotuj przez około 5 minut, aż zmiękną, następnie dodaj szparagi i podawaj.

Abalone z grzybami

Serwuje 4

6 suszonych grzybów chińskich
400 g uchowca z puszki
45 ml / 3 łyżki oleju arachidowego (arachidowego).
2,5 ml / ¬Ω łyżeczki soli
15 ml / 1 łyżka wina ryżowego lub wytrawnego sherry
3 dymki (szalotka), pokrojone w grube plastry

Grzyby moczymy przez 30 minut w ciepłej wodzie, następnie odcedzamy. Usuń łodygi i odetnij wierzchołki. Odcedzamy i kroimy, sok odstawiamy. Rozgrzej olej i smaż sól i grzyby przez 2 minuty. Dodaj płyn z abalone i sherry, zagotuj, przykryj i gotuj na wolnym ogniu przez 3 minuty. Dodaj uchowca i szalotki i smaż, aż się zarumienią. Natychmiast podawaj.

Abalone z sosem ostrygowym

Serwuje 4

400 g uchowca z puszki
15 ml / 1 łyżka mąki kukurydzianej (skrobi kukurydzianej)
15 ml / 1 łyżka sosu sojowego
45 ml / 3 łyżki sosu ostrygowego
30 ml / 2 łyżki oleju arachidowego (arachidowego).
50 g mielonej wędzonej szynki

Odcedź uchowca z puszki i zachowaj 90 ml/6 łyżek płynu. Wymieszaj ze skrobią kukurydzianą, sosem sojowym i sosem ostrygowym. Rozgrzej olej i gotuj na parze odsączonego uchowca przez 1 minutę. Dodaj mieszankę salsy i gotuj na wolnym ogniu, mieszając, aż będzie gorąca, około 1 minuty. Włóż do gorącej miski i podawaj udekorowane szynką.

małże gotowane na parze

Serwuje 4

24 muszle

Oczyść małże i mocz je w osolonej wodzie przez kilka godzin. Opłucz je pod bieżącą wodą i umieść na głębokiej tacy. Umieścić na ruszcie w naczyniu do gotowania na parze, przykryć i gotować na parze we wrzącej wodzie przez około 10 minut, aż wszystkie małże się otworzą. Odrzuć te, które pozostają zamknięte. Podawać z sosami.

Małże z kiełkami fasoli

Serwuje 4

24 muszle

15 ml / 1 łyżka oleju arachidowego (arachidowego).

150 g kiełków fasoli

1 zielona papryka, pokrojona w paski

2 dymki (szalotka), posiekane

15 ml / 1 łyżka wina ryżowego lub wytrawnego sherry

sól i świeżo zmielony pieprz

2,5 ml / ¬Ω łyżeczki oleju sezamowego

50 g mielonej wędzonej szynki

Oczyść małże i mocz je w osolonej wodzie przez kilka godzin. Opłucz pod bieżącą wodą. Zagotuj wodę w garnku, dodaj małże i gotuj przez kilka minut, aż się otworzą. Odkręć i wyrzuć te, które pozostają zamknięte. Wyjmij małże z muszli.

Rozgrzać olej i smażyć kiełki fasoli przez 1 minutę. Dodaj paprykę i szalotki i smaż przez 2 minuty. Dodać wino lub sherry, doprawić solą i pieprzem. Podgrzej, następnie dodaj małże i mieszaj, aż będą dobrze wymieszane i gorące. Połóż na gorącym talerzu i podawaj posypane olejem sezamowym i szynką.

Małże z imbirem i czosnkiem

Serwuje 4

24 muszle

15 ml / 1 łyżka oleju arachidowego (arachidowego).

2 plasterki korzenia imbiru, posiekane

2 ząbki czosnku, posiekane

15 ml / 1 łyżka wody

5 ml / 1 łyżeczka oleju sezamowego

sól i świeżo zmielony pieprz

Oczyść małże i mocz je w osolonej wodzie przez kilka godzin. Opłucz pod bieżącą wodą. Rozgrzej olej i smaż imbir i czosnek przez 30 sekund. Dodaj małże, wodę i olej sezamowy, przykryj i gotuj przez około 5 minut, aż małże się otworzą. Odrzuć te, które pozostają zamknięte. Lekko doprawiamy solą i pieprzem i od razu podajemy.

smażone małże

Serwuje 4

24 muszle

60 ml / 4 łyżki oleju arachidowego (arachidowego).

4 ząbki czosnku, posiekane
1 drobno posiekana cebula
2,5 ml / ¬Ω łyżeczki soli

Oczyść małże i mocz je w osolonej wodzie przez kilka godzin. Opłucz pod bieżącą wodą i osusz. Rozgrzej olej i podsmaż czosnek, cebulę i sól, aż będą miękkie. Dodaj małże, przykryj i gotuj na wolnym ogniu przez około 5 minut, aż wszystkie muszle się otworzą. Odrzuć te, które pozostają zamknięte. Delikatnie smaż przez kolejną 1 minutę, posmaruj olejem.

ciasteczka krabowe

Serwuje 4

225 g kiełków fasoli
60 ml / 4 łyżki oleju arachidowego 100 g / 4 uncje pędów bambusa, pokrojonych w paski
1 drobno posiekana cebula

225 g mięsa kraba, płatki
4 jajka, lekko ubite
15 ml / 1 łyżka mąki kukurydzianej (skrobi kukurydzianej)
30 ml / 2 łyżki sosu sojowego
sól i świeżo zmielony pieprz

Zblanszować kiełki fasoli we wrzącej wodzie przez 4 minuty, a następnie przecedzić. Rozgrzać połowę oleju i podsmażyć kiełki fasoli, pędy bambusa i cebulę do miękkości. Zdjąć z ognia i dodać wszystkie pozostałe składniki oprócz oleju. Rozgrzej pozostały olej na czystej patelni i łyżką usmaż mieszankę mięsa krabów, aby zrobić małe placki. Smażymy z obu stron na złoty kolor, po czym natychmiast podajemy.

Krem na raka

Serwuje 4

225 g mięsa kraba
5 ubitych jajek
1 dymka (szalotka), drobno posiekana
250 ml / 8 uncji / 1 szklanka wody
5 ml / 1 łyżeczka soli

5 ml / 1 łyżeczka oleju sezamowego

Wszystkie składniki dobrze wymieszać. Umieść w misce, przykryj i umieść nad podwójnym bojlerem nad gorącą wodą lub na stojaku do gotowania na parze. Gotować na wolnym ogniu przez około 35 minut, aż do uzyskania kremowej pasty, od czasu do czasu mieszając. Podawać z ryżem.

Chiński krab z liśćmi

Serwuje 4

450 g / 1 lb Chińskie liście, starte

45 ml / 3 łyżki oleju roślinnego

2 dymki (szalotka), posiekane

225 g mięsa kraba

15 ml / 1 łyżka sosu sojowego

15 ml / 1 łyżka wina ryżowego lub wytrawnego sherry

5 ml / 1 łyżeczka soli

Blanszować chińskie liście we wrzącej wodzie przez 2 minuty, dobrze odsączyć i przepłukać zimną wodą. Rozgrzej olej i smaż cebulę na złoty kolor. Dodaj mięso kraba i smaż przez 2 minuty. Dodaj chińskie liście i gotuj na wolnym ogniu przez 4 minuty. Dodać sos sojowy, wino lub sherry oraz sól i dobrze wymieszać. Dodaj bulion i mąkę kukurydzianą, zagotuj i gotuj na wolnym ogniu, mieszając, przez 2 minuty, aż sos stanie się klarowny i zgęstnieje.

Krab Foo Yung z kiełkami fasoli

Serwuje 4

6 ubitych jajek

45 ml / 3 łyżki mąki kukurydzianej (skrobia kukurydziana)

225 g mięsa kraba

100 g kiełków fasoli

2 dymki (szalotka), drobno posiekane

2,5 ml / ½ łyżeczki soli

45 ml / 3 łyżki oleju arachidowego (arachidowego).

Ubij jajko, a następnie mąkę kukurydzianą. Wymieszaj wszystkie pozostałe składniki oprócz oleju. Rozgrzać olej i wlewać mieszaninę na patelnię po trochu, aż ok. Otrzymujemy małe naleśniki o średnicy 7,5 cm. Spód smażymy na złoty kolor, następnie odwracamy i smażymy również z drugiej strony.

krab imbirowy

Serwuje 4

15 ml / 1 łyżka oleju arachidowego (arachidowego).

2 plasterki korzenia imbiru, posiekane

4 dymki (szalotka), posiekane

3 ząbki czosnku, posiekane

1 drobno posiekana czerwona papryka

350g mięsa kraba, płatków

2,5 ml / ¬Ω łyżeczki pasty rybnej

2,5 ml / ¬Ω łyżeczki oleju sezamowego

15 ml / 1 łyżka wina ryżowego lub wytrawnego sherry

5 ml / 1 łyżeczka mąki kukurydzianej (skrobi kukurydzianej)

15 ml / 1 łyżka wody

Rozgrzej olej i smaż imbir, dymkę, czosnek i chilli przez 2 minuty. Dodaj mięso kraba i mieszaj, aż dobrze pokryje się przyprawami. Dodać pastę rybną. Pozostałe składniki wymieszać na pastę, następnie wlać na patelnię i smażyć przez 1 minutę. Natychmiast podawaj.

Krab Lo Mein

Serwuje 4

100 g kiełków fasoli
30 ml / 2 łyżki oleju arachidowego (arachidowego).
5 ml / 1 łyżeczka soli
1 cebula, pokrojona
100 g pieczarek pokrojonych w plasterki
225 g mięsa kraba, płatki
100 g pędów bambusa, pokrojonych w plasterki

Ciasto drożdżowe

30 ml / 2 łyżki sosu sojowego

5 ml / 1 łyżeczka cukru

5 ml / 1 łyżeczka oleju sezamowego

sól i świeżo zmielony pieprz

Blanszuj kiełki fasoli we wrzącej wodzie przez 5 minut, a następnie odcedź. Rozgrzej olej i smaż sól i cebulę, aż będą miękkie. Dodać pieczarki i dusić do miękkości. Dodaj mięso kraba i smaż przez 2 minuty. Dodaj kiełki fasoli i pędy bambusa i smaż przez 1 minutę. Dodaj odsączone ciasto na patelnię i delikatnie wymieszaj. Wymieszaj sos sojowy, cukier i olej sezamowy, dopraw solą i pieprzem. Mieszaj, aż będzie gorący na patelni.

Smażony krab z wieprzowiną

Serwuje 4

30 ml / 2 łyżki oleju arachidowego (arachidowego).

100 g mielonej wieprzowiny (mielonej).

350g mięsa kraba, płatków

2 plasterki korzenia imbiru, posiekane

2 jajka, lekko ubite

15 ml / 1 łyżka sosu sojowego

15 ml / 1 łyżka wina ryżowego lub wytrawnego sherry

30 ml / 2 łyżki wody

sól i świeżo zmielony pieprz

4 dymki (szalotka), pokrojone w paski

Rozgrzać olej i lekko podsmażyć wieprzowinę. Dodaj mięso kraba i imbir i smaż przez 1 minutę. Wmieszać jajka. Dodać sos sojowy, wino lub sherry, wodę, sól i pieprz i smażyć mieszając około 4 minut. Podawać udekorowane szczypiorkiem.

Mięso kraba gotowane na parze

Serwuje 4

30 ml / 2 łyżki oleju arachidowego (arachidowego).

450g mięsa kraba, płatków

2 dymki (szalotka), posiekane

2 plasterki korzenia imbiru, posiekane

30 ml / 2 łyżki sosu sojowego

30ml / 2 łyżki wina ryżowego lub wytrawnego sherry

2,5 ml / ¬Ω łyżeczki soli

15 ml / 1 łyżka mąki kukurydzianej (skrobi kukurydzianej)

60 ml / 4 łyżki wody

Rozgrzać olej i smażyć mięso kraba, dymkę i imbir przez 1 minutę. Dodaj sos sojowy, wino lub sherry i sól, przykryj i gotuj na wolnym ogniu przez 3 minuty. Wymieszaj mąkę kukurydzianą i wodę, aby utworzyć pastę, wlej do rondla i kontynuuj mieszanie, aż sos stanie się klarowny i zgęstnieje.

Smażone kulki z kalmarów

Serwuje 4

450 g kalmarów
50 g posiekanego smalcu
1 białko jajka
2,5 ml / ¬Ω łyżeczki cukru
2,5 ml / ¬Ω łyżeczki mąki kukurydzianej (skrobi kukurydzianej)
sól i świeżo zmielony pieprz
smażymy na oleju

Oczyść kalmary i posiekaj lub zredukuj je do miąższu. Wrzuć tłuszcz, białka jaj, cukier i skrobię kukurydzianą, a następnie dopraw solą i pieprzem. Wciśnij mieszaninę w kulki. Rozgrzej olej iw razie potrzeby smaż kulki z kalmarów partiami, aż unoszą się na oleju i nabiorą złocistego koloru. Dobrze odcedź i natychmiast podawaj.

Homar po kantońsku

Serwuje 4

2 homary

30 ml / 2 łyżki oleju

15 ml / 1 łyżka sosu z czarnej fasoli

1 ząbek czosnku, rozgnieciony

1 drobno posiekana cebula

225 g mielonej wieprzowiny (mielonej).

45 ml / 3 łyżki sosu sojowego

5 ml / 1 łyżeczka cukru

sól i świeżo zmielony pieprz

15 ml / 1 łyżka mąki kukurydzianej (skrobi kukurydzianej)

75 ml / 5 łyżek wody

1 ubite jajko

Rozdrobnij homara, usuń mięso i pokrój w 1-calową kostkę. Rozgrzej olej i podsmaż sos z czarnej fasoli, czosnek i cebulę na złoty kolor. Dodaj wieprzowinę i smaż, aż się zrumieni. Dodaj sos sojowy, cukier, sól, pieprz i homara, przykryj i gotuj na wolnym ogniu przez około 10 minut. Wymieszaj mąkę kukurydzianą i wodę, aż stanie się pastą, wlej ją na patelnię i gotuj na wolnym ogniu, mieszając, aż sos stanie się klarowny i zgęstnieje. Przed podaniem wyłącz ogień i dodaj jajko.

smażony homar

Serwuje 4

450 g mięsa z homara

30 ml / 2 łyżki sosu sojowego

5 ml / 1 łyżeczka cukru

1 ubite jajko

30 ml / 3 łyżki mąki (uniwersalnej).

smażymy na oleju

Pokrój mięso homara w 1-calową kostkę i dopraw sosem sojowym i cukrem. Pozostaw na 15 minut, a następnie przefiltruj. Wbij jajko i mąkę, następnie dodaj homara i dobrze wymieszaj.

Rozgrzać olej i smażyć homara na złoty kolor. Przed podaniem odsączyć na papierze kuchennym.

Homar na parze z szynką

Serwuje 4

4 jajka, lekko ubite
60 ml / 4 łyżki wody
5 ml / 1 łyżeczka soli
15 ml / 1 łyżka sosu sojowego
450 g pulpy z homara w płatkach
15 ml / 1 łyżka siekanej wędzonej szynki
15 ml / 1 łyżka posiekanej świeżej pietruszki

Ubij jajka z wodą, solą i sosem sojowym. Wlać do nieprzywierającej miski i posypać mięsem homara. Umieść miskę na stojaku w parowniku, przykryj i gotuj na parze przez 20 minut, aż jajko stwardnieje. Podawać udekorowane szynką i pietruszką.

Homar Z Pieczarkami

Serwuje 4

450 g mięsa z homara

15 ml / 1 łyżka mąki kukurydzianej (skrobi kukurydzianej)

60 ml / 4 łyżki wody

30 ml / 2 łyżki oleju arachidowego (arachidowego).

4 dymki (szalotka), pokrojone w grube plastry

100 g pieczarek pokrojonych w plasterki

2,5 ml / ¬Ω łyżeczki soli

1 ząbek czosnku, rozgnieciony

30 ml / 2 łyżki sosu sojowego

15 ml / 1 łyżka wina ryżowego lub wytrawnego sherry

Mięso z homara pokroić w kostkę o boku 2,5 cm. Wymieszaj mąkę kukurydzianą i wodę, aby utworzyć pastę, a następnie dodaj kostki homara do mieszanki, aby pokryć. Rozgrzej połowę oleju i smaż kostki homara, aż się lekko zrumienią, a następnie zdejmij z patelni. Rozgrzej pozostały olej i smaż cebulę na złoty kolor. Dodaj pieczarki i smaż przez 3 minuty. Dodaj sól, czosnek, sos sojowy i wino lub sherry i gotuj na wolnym ogniu przez 2 minuty. Umieść homara z powrotem na patelni i smaż, aż będzie gorący.

Ogon homara z wieprzowiną

Serwuje 4

3 suszone grzyby chińskie
4 ogony homara
60 ml / 4 łyżki oleju arachidowego (arachidowego).
100 g mielonej wieprzowiny (mielonej).
50 g kasztanów wodnych, posiekanych
sól i świeżo zmielony pieprz
2 ząbki czosnku, posiekane
45 ml / 3 łyżki sosu sojowego
30ml / 2 łyżki wina ryżowego lub wytrawnego sherry
30 ml / 2 łyżki sosu z czarnej fasoli
10 ml / 2 łyżki mąki kukurydzianej (skrobia kukurydziana)

120 ml / 4 fl oz / ¬Ω szklanki wody

Grzyby moczymy przez 30 minut w ciepłej wodzie, następnie odcedzamy. Usuń łodygi i odetnij kapelusze. Ogon homara przekroić wzdłuż na pół. Usuń mięso z ogonów homara i zachowaj muszle. Rozgrzej połowę oleju i smaż wieprzowinę na jasnobrązowy kolor. Po zdjęciu z ognia dodać grzyby, pulpę z homara, kasztany wodne, sól i pieprz. Zawiń mięso w muszli homara i ułóż na blasze do pieczenia. Umieścić na ruszcie w naczyniu do gotowania na parze, przykryć i gotować około 20 minut do miękkości. W międzyczasie podgrzej pozostały olej i podsmaż czosnek, sos sojowy, wino/sherry i sos z czarnej fasoli przez 2 minuty. Wymieszaj mąkę kukurydzianą i wodę, aż uzyskasz ciasto, wlewamy na patelnię i gotujemy, mieszając, aż sos zgęstnieje. Ułóż homara na gorącym talerzu, polej sosem i natychmiast podawaj.

smażony homar

Serwuje 4

450 g / 1 funt ogona homara

30 ml / 2 łyżki oleju arachidowego (arachidowego).

1 ząbek czosnku, rozgnieciony

2,5 ml / ¬Ω łyżeczki soli

350 g kiełków fasoli

50 g pieczarek

4 dymki (szalotka), pokrojone w grube plastry

150 ml / ¬° pt / hojny ¬Ω kubek bulionu drobiowego

15 ml / 1 łyżka mąki kukurydzianej (skrobi kukurydzianej)

Zagotuj wodę w rondlu, dodaj ogon homara i gotuj przez 1 minutę. Odcedzić, ostudzić, zdjąć skórkę i pokroić w grube plastry. Rozgrzej oliwę z czosnkiem i solą i smaż, aż czosnek się lekko zrumieni. Dodaj homara i smaż przez 1 minutę. Dodaj kiełki fasoli i grzyby i smaż przez 1 minutę. Dodać dymkę. Dodaj większość bulionu, zagotuj, przykryj i gotuj przez 3 minuty. Wymieszaj mąkę kukurydzianą z pozostałym bulionem, wlej na patelnię i gotuj, mieszając, aż sos stanie się klarowny i zgęstnieje.

gniazda homarów

Serwuje 4

30 ml / 2 łyżki oleju arachidowego (arachidowego).

5 ml / 1 łyżeczka soli

1 czerwona cebula, cienko pokrojona

100 g pieczarek pokrojonych w plasterki

100g pędów bambusa pokrojonych w plastry 225g gotowanego homara

15 ml / 1 łyżka wina ryżowego lub wytrawnego sherry

120 ml bulionu z kurczaka

szczypta świeżo zmielonego pieprzu

10 ml / 2 łyżeczki mąki kukurydzianej (skrobi kukurydzianej)

15 ml / 1 łyżka wody

4 koszyczki makaronu

Rozgrzej olej i smaż sól i cebulę, aż będą miękkie. Dodaj grzyby i pędy bambusa i smaż przez 2 minuty. Dodaj mięso homara, wino lub sherry i bulion, zagotuj, przykryj i gotuj przez 2 minuty. Doprawić pieprzem. Wymieszaj mąkę kukurydzianą i wodę, aż stanie się pastą, wymieszaj ją na patelni i gotuj na wolnym ogniu, mieszając, aż sos zgęstnieje. Ułóż gniazdo makaronu na gorącym talerzu i udekoruj pieczonym homarem.

Małże w sosie z czarnej fasoli

Serwuje 4

45 ml / 3 łyżki oleju arachidowego (arachidowego).

2 ząbki czosnku, posiekane

2 plasterki korzenia imbiru, posiekane

30 ml / 2 łyżki sosu z czarnej fasoli

15 ml / 1 łyżka sosu sojowego

1,5 kg umytych i obranych małży

2 dymki (szalotka), posiekane

Rozgrzej olej i smaż czosnek i imbir przez 30 sekund. Dodać sos z czarnej fasoli i sos sojowy i smażyć mieszając przez 10 sekund. Dodaj małże, przykryj i gotuj przez około 6 minut, aż małże się otworzą. Odrzuć te, które pozostają zamknięte. Ułożyć na ciepłym talerzu i podawać posypane szczypiorkiem.

Małże z imbirem

Serwuje 4

45 ml / 3 łyżki oleju arachidowego (arachidowego).
2 ząbki czosnku, posiekane
4 plastry korzenia imbiru, posiekane
1,5 kg umytych i obranych małży
45 ml / 3 łyżki wody
15 ml / 1 łyżka sosu ostrygowego

Rozgrzej olej i smaż czosnek i imbir przez 30 sekund. Dodaj małże i wodę, przykryj i gotuj przez około 6 minut, aż małże się otworzą. Odrzuć te, które pozostają zamknięte. Ułożyć na gorącym półmisku i podawać polane sosem ostrygowym.

Małże na parze

Serwuje 4

1,5 kg umytych i obranych małży

45 ml / 3 łyżki sosu sojowego

3 dymki (szalotka), drobno posiekane

Ułóż małże na ruszcie w naczyniu do gotowania na parze, przykryj i gotuj na parze we wrzącej wodzie przez około 10 minut, aż wszystkie małże się otworzą. Odrzuć te, które pozostają zamknięte. Połóż na ciepłym talerzu, posyp sosem sojowym i szalotką i podawaj.

smażone ostrygi

Serwuje 4

24 ostrygi bez skorupek
sól i świeżo zmielony pieprz
1 ubite jajko
50 g / 2 uncje / ¬Ω szklanki mąki uniwersalnej.
250 ml / 8 uncji / 1 szklanka wody
smażymy na oleju
4 dymki (szalotka), posiekane

Posyp ostrygi solą i pieprzem. Wymieszaj jajko z mąką i wodą, aż uzyskasz pianę i przykryj ostrygi. Rozgrzej olej i smaż ostrygi na złoty kolor. Odcedź na papierze kuchennym i podawaj udekorowane dymką.

Ostrygi Z Boczkiem

Serwuje 4

175 g boczku

24 ostrygi bez skorupek

1 jajko, lekko ubite

15 ml / 1 łyżka wody

45 ml / 3 łyżki oleju arachidowego (arachidowego).

2 cebule, posiekane

15 ml / 1 łyżka mąki kukurydzianej (skrobi kukurydzianej)

15 ml / 1 łyżka sosu sojowego

90 ml / 6 łyżek bulionu z kurczaka

Pokrój boczek na małe kawałki i zawiń mały kawałek wokół każdej ostrygi. Ubij jajko z wodą, a następnie zanurz w ostrydze, aby się pokryła. Rozgrzej połowę oleju i smaż ostrygi z obu stron na złoty kolor, następnie zdejmij z patelni i odsącz z tłuszczu. Rozgrzać pozostały olej i smażyć cebulę do miękkości. Wymieszaj skrobię kukurydzianą, sos sojowy i bulion na pastę, wlej na patelnię i gotuj na wolnym ogniu, mieszając, aż sos stanie się klarowny i zgęstnieje. Polej ostrygi i od razu podawaj.

Smażone ostrygi z imbirem

Serwuje 4

24 ostrygi bez skorupek
2 plasterki korzenia imbiru, posiekane
30 ml / 2 łyżki sosu sojowego
15 ml / 1 łyżka wina ryżowego lub wytrawnego sherry
4 dymki (szalotka), pokrojone w paski
100 g boczku
1 jajko
50 g / 2 uncje / ¬Ω szklanki mąki uniwersalnej.
sól i świeżo zmielony pieprz
smażymy na oleju
1 cytryna pokrojona w plasterki

Włóż ostrygi do miski z imbirem, sosem sojowym i winem lub sherry i dobrze wymieszaj, aby się pokryły. Pozwól odpocząć przez 30 minut. Na każdej ostrydze ułóż kilka pasków dymki. Pokrój boczek na małe kawałki i zawiń mały kawałek wokół każdej ostrygi. Jajko i mąkę ubić na sztywną pianę, doprawić solą i pieprzem. Zanurz ostrygi w cieście, aż będą dobrze pokryte. Rozgrzej olej i smaż ostrygi na złoty kolor. Podawać udekorowane plasterkami cytryny.

Ostrygi z sosem z czarnej fasoli

Serwuje 4

350 g ostryg w skorupkach

120 ml / 4 fl oz / ¬Ω szklanki oleju z orzeszków ziemnych.

2 ząbki czosnku, posiekane

3 dymki (szalotka), pokrojone w plasterki

15 ml / 1 łyżka sosu z czarnej fasoli

30 ml / 2 łyżki ciemnego sosu sojowego

15 ml / 1 łyżka oleju sezamowego

szczypta chilli w proszku

Blanszuj ostrygi we wrzącej wodzie przez 30 sekund, a następnie odcedź. Rozgrzej olej i smaż czosnek i cebulę przez 30 sekund. Dodaj sos z czarnej fasoli, sos sojowy, olej sezamowy i ostrygi i dopraw chili w proszku do smaku. Zagotować i podawać natychmiast.

Przegrzebki z pędami bambusa

Serwuje 4

60 ml / 4 łyżki oleju arachidowego (arachidowego).

6 cebul dymek (szallion), posiekanych

225 g pieczarek pokrojonych w ćwiartki

15 ml / 1 łyżka cukru

450 g obranych przegrzebków

2 plasterki korzenia imbiru, posiekane

225 g pędów bambusa, pokrojonych w plastry

sól i świeżo zmielony pieprz

300 ml / ¬Ω pt / 1 ¬ ° szklanki wody

30 ml / 2 łyżki octu winnego

30 ml / 2 łyżki mąki kukurydzianej (skrobia kukurydziana)

150 ml / ¬° pt / hojny ¬Ω kubek wody

45 ml / 3 łyżki sosu sojowego

Rozgrzać olej i smażyć dymkę i pieczarki przez 2 minuty. Dodaj cukier, małże, imbir, pędy bambusa, sól i pieprz, przykryj i gotuj przez 5 minut. Dodaj wodę i ocet winny, zagotuj, przykryj i gotuj przez 5 minut. Wymieszaj mąkę kukurydzianą i wodę, aż stanie się pastą, wymieszaj ją na patelni i gotuj na wolnym ogniu, mieszając, aż sos zgęstnieje. Skrop sosem sojowym i podawaj.

Przegrzebki z ikrą

Serwuje 4

45 ml / 3 łyżki oleju arachidowego (arachidowego).
350 g obranych przegrzebków
25 g mielonej wędzonej szynki
30ml / 2 łyżki wina ryżowego lub wytrawnego sherry
5 ml / 1 łyżeczka cukru
2,5 ml / ¬Ω łyżeczki soli
szczypta świeżo zmielonego pieprzu
2 jajka, lekko ubite
15 ml / 1 łyżka sosu sojowego

Rozgrzej olej i smaż małże przez 30 sekund. Dodaj szynkę i smaż przez 1 minutę. Dodaj wino lub sherry, cukier, sól i pieprz i smaż przez 1 minutę. Dodaj jajka i delikatnie mieszaj na dużym ogniu, aż składniki dobrze pokryją się jajkiem. Podawać polane sosem sojowym.

Przegrzebki Z Brokułami

Serwuje 4

350 g małży, pokrojonych w plastry
3 plastry korzenia imbiru, posiekane
¬Ω mała marchewka pokrojona w plasterki
1 ząbek czosnku, rozgnieciony
45 ml / 3 łyżki mąki (uniwersalnej).
2,5 ml / ¬Ω łyżeczki sody oczyszczonej (sody oczyszczonej)
30 ml / 2 łyżki oleju arachidowego (arachidowego).
15 ml / 1 łyżka wody
1 banan, pokrojony
smażymy na oleju
275 g brokułów
sól
5 ml / 1 łyżeczka oleju sezamowego
2,5 ml / ¬Ω łyżeczki ostrego sosu
2,5 ml / ¬Ω łyżeczki octu winnego
2,5 ml / ¬Ω łyżeczki koncentratu pomidorowego √ © e (pasta)

Wymieszać małże z imbirem, marchewką i czosnkiem i odstawić. Z mąki, sody oczyszczonej, 15 ml/1 łyżki stołowej oleju i wody zagnieść ciasto i obtoczyć w nim plastry banana.

Rozgrzać olej i smażyć banany na złoty kolor, następnie odcedzić i ułożyć wokół gorącej patelni. W międzyczasie ugotować brokuły w osolonej wodzie do miękkości, następnie odcedzić. Resztę oleju rozgrzewamy z olejem sezamowym i krótko podsmażamy brokuły, następnie układamy je wokół talerza z bananami. Dodaj sos chili, ocet winny i koncentrat pomidorowy na patelnię i gotuj przegrzebki, aż się ugotują. Wylewamy na talerz i od razu podajemy.

Przegrzebki z imbirem

Serwuje 4

45 ml / 3 łyżki oleju arachidowego (arachidowego).

2,5 ml / ¬Ω łyżeczki soli

3 plastry korzenia imbiru, posiekane

2 dymki (szalotka), pokrojone w grube plastry

450 g przegrzebków w skorupkach, przekrojonych na pół

15 ml / 1 łyżka mąki kukurydzianej (skrobi kukurydzianej)

60 ml / 4 łyżki wody

Rozgrzej olej i smaż sól i imbir przez 30 sekund. Dodaj szczypiorek i smaż na złoty kolor. Dodaj przegrzebki i smaż przez 3 minuty. Wymieszaj mąkę kukurydzianą i wodę na pastę, dodaj ją do garnka i gotuj, aż zgęstnieje, mieszając, na małym ogniu. Natychmiast podawaj.

małże z szynką

Serwuje 4

450 g przegrzebków w skorupkach, przekrojonych na pół
250ml / 8 fl oz / 1 szklanka wina ryżowego lub wytrawnego sherry
1 cebula, drobno posiekana
2 plasterki korzenia imbiru, posiekane
2,5 ml / ¬Ω łyżeczki soli
100 g posiekanej wędzonej szynki

Umieść przegrzebki w misce i dodaj wino lub sherry. Przykryj i marynuj przez 30 minut, obracając od czasu do czasu, a następnie odsącz przegrzebki i wylej marynatę. Ułóż przegrzebki z pozostałymi składnikami w naczyniu do zapiekania. Umieść patelnię na stojaku do gotowania na parze, przykryj i gotuj na parze w gorącej wodzie przez około 6 minut, aż przegrzebki będą miękkie.

Jajecznica z przegrzebkami i ziołami

Serwuje 4

225 g obranych przegrzebków
30 ml / 2 łyżki posiekanej świeżej kolendry
4 ubite jajka
15 ml / 1 łyżka wina ryżowego lub wytrawnego sherry
sól i świeżo zmielony pieprz
15 ml / 1 łyżka oleju arachidowego (arachidowego).

Umieść przegrzebki w parowniku i gotuj na parze przez około 3 minuty, aż się ugotują, w zależności od wielkości. Wyjąć z parowaru i posypać kolendrą. Ubij jajka z winem lub sherry, dodaj sól i pieprz do smaku. Dodaj małże i kolendrę. Rozgrzać olej i smażyć mieszankę jajek i przegrzebków, ciągle mieszając, aż jajko się zetnie. Natychmiast podawaj.

Pieczone małże i cebula

Serwuje 4

45 ml / 3 łyżki oleju arachidowego (arachidowego).

1 cebula, pokrojona
450 g przegrzebków w muszlach, pokrojonych na ćwiartki
sól i świeżo zmielony pieprz
15 ml / 1 łyżka wina ryżowego lub wytrawnego sherry

Rozgrzać olej i smażyć cebulę do miękkości. Dodaj przegrzebki i smaż na złoty kolor. Dopraw solą i pieprzem, zdeglazuruj winem lub sherry i natychmiast podawaj.

Przegrzebki z warzywami

4—6 porcji

4 suszone grzyby chińskie
2 cebule
30 ml / 2 łyżki oleju arachidowego (arachidowego).
3 łodygi selera, pokrojone ukośnie
225 g zielonej fasoli, pokrojonej po przekątnej
10 ml / 2 łyżeczki startego korzenia imbiru
1 ząbek czosnku, rozgnieciony
20 ml / 4 łyżeczki mąki kukurydzianej (skrobi kukurydzianej)
250 ml / 8 uncji / 1 szklanka bulionu z kurczaka
30ml / 2 łyżki wina ryżowego lub wytrawnego sherry
30 ml / 2 łyżki sosu sojowego
450 g przegrzebków w muszlach, pokrojonych na ćwiartki
6 cebul dymek (szalotka), pokrojonych w plasterki
425 g / 15 uncji kolby kukurydzy z puszki

Grzyby moczymy przez 30 minut w ciepłej wodzie, następnie odcedzamy. Usuń łodygi i odetnij wierzchołki. Cebulę pokroić w krążki, rozdzielić warstwy. Rozgrzej olej i smaż cebulę, seler, fasolę, imbir i czosnek przez 3 minuty. Wymieszaj mąkę kukurydzianą z odrobiną bulionu i dodaj pozostały bulion, wino lub sherry i sos sojowy. Dodać do woka i zagotować, mieszając.

Dodaj grzyby, przegrzebki, szalotki i kukurydzę i smaż około 5 minut, aż przegrzebki będą miękkie.

Przegrzebki z papryką

Serwuje 4

30 ml / 2 łyżki oleju arachidowego (arachidowego).

3 dymki (szalotka), posiekane

1 ząbek czosnku, rozgnieciony

2 plasterki korzenia imbiru, posiekane

2 czerwone papryki, pokrojone w kostkę

450 g obranych przegrzebków

30ml / 2 łyżki wina ryżowego lub wytrawnego sherry

15 ml / 1 łyżka sosu sojowego

15 ml / 1 łyżka sosu z żółtej fasoli

5 ml / 1 łyżeczka cukru

5 ml / 1 łyżeczka oleju sezamowego

Rozgrzej olej i smaż cebulę dymkę, czosnek i imbir przez 30 sekund. Dodaj paprykę i smaż przez 1 minutę. Dodaj przegrzebki i smaż przez 30 sekund, następnie dodaj pozostałe składniki i gotuj przez około 3 minuty, aż przegrzebki będą miękkie.

Kalmary z kiełkami fasoli

Serwuje 4

450 g kalmarów

30 ml / 2 łyżki oleju arachidowego (arachidowego).

15 ml / 1 łyżka wina ryżowego lub wytrawnego sherry

100 g kiełków fasoli

15 ml / 1 łyżka sosu sojowego

sól

1 drobno posiekana czerwona papryka

2 plasterki korzenia imbiru, posiekane

2 dymki (szalotka), posiekane

Usuń głowę, wnętrzności i błony z kalmarów i pokrój je na duże kawałki. Z każdego kawałka wytnij wzór. Zagotuj wodę w rondlu, dodaj kalmary i gotuj na małym ogniu, aż kawałki się zwiną, następnie odcedź i odsącz. Rozgrzej połowę oleju i szybko usmaż kalmary. Zdeglasować winem lub sherry. W międzyczasie rozgrzać pozostały olej i ugotować kiełki fasoli do miękkości. Doprawiamy sosem sojowym i solą. Ułóż chili, imbir i dymkę wokół półmiska. Ułóż kiełki fasoli na środku, a kalmary na wierzchu. Natychmiast podawaj.

smażona kałamarnica

Serwuje 4

50 g mąki 00 (do wszystkich zastosowań).
25 g / 1 oz / ¬ szklanka mąki kukurydzianej (skrobia kukurydziana)
2,5 ml / ¬Ω łyżeczki proszku do pieczenia
2,5 ml / ¬Ω łyżeczki soli
1 jajko
75 ml / 5 łyżek wody
15 ml / 1 łyżka oleju arachidowego (arachidowego).
450 g kalmarów, pokrojonych w pierścienie
smażymy na oleju

Z mąki, skrobi kukurydzianej, proszku do pieczenia, soli, jajka, wody i oleju wyrobić ciasto. Zanurz kalmary w cieście, aż będą dobrze pokryte. Rozgrzej olej i stopniowo smaż kalmary na złoty kolor. Przed podaniem odsączyć na papierze kuchennym.

Paczki kalmarów

Serwuje 4

8 suszonych grzybów chińskich

450 g kalmarów

100 g surowej szynki

100 g tofu

1 ubite jajko

15 ml/1 łyżka mąki (uniwersalnej).

2,5 ml / ¬Ω łyżeczki cukru

2,5 ml / ¬Ω łyżeczki oleju sezamowego

sól i świeżo zmielony pieprz

8 wontonowych skórek

smażymy na oleju

Grzyby moczymy przez 30 minut w ciepłej wodzie, następnie odcedzamy. Odrzuć łodygi. Oczyść kalmary i pokrój je na 8 części. Szynkę i tofu pokroić na 8 kawałków. Umieść je wszystkie w jednej misce. Jajka wymieszać z mąką, cukrem, olejem sezamowym, solą i pieprzem. Wlej składniki do pojemnika i delikatnie wymieszaj. Umieść grzyb i kawałek kałamarnicy, szynki i tofu bezpośrednio pod środkiem każdej skorupy wontona. Zagnij dolny róg, zagnij na boki, a następnie zwiń, zwilż brzegi wodą, aby się skleiły. Rozgrzej olej i smaż klopsiki przez około 8 minut na złoty kolor. Dobrze odcedź przed podaniem.

Roladki Smażone Kalmary

Serwuje 4

45 ml / 3 łyżki oleju arachidowego (arachidowego).

225 g krążków kalmarów

1 duża zielona papryka pokrojona w kostkę

100 g pędów bambusa, pokrojonych w plasterki

2 dymki (szalotka), drobno posiekane

1 plaster korzenia imbiru, drobno posiekany

45 ml / 2 łyżki sosu sojowego

30ml / 2 łyżki wina ryżowego lub wytrawnego sherry

15 ml / 1 łyżka mąki kukurydzianej (skrobi kukurydzianej)

15 ml / 1 łyżka bulionu rybnego lub wody

5 ml / 1 łyżeczka cukru

5 ml / 1 łyżeczka octu winnego

5 ml / 1 łyżeczka oleju sezamowego

sól i świeżo zmielony pieprz

Rozgrzać 15 ml/1 łyżkę oleju i szybko zrumienić kalmary. W międzyczasie rozgrzej pozostały olej na osobnej patelni i smaż paprykę, pędy bambusa, dymkę i imbir przez 2 minuty. Dodaj kalmary i gotuj na wolnym ogniu przez 1 minutę. Wymieszaj sos sojowy, wino lub sherry, skrobię kukurydzianą, bulion, cukier, ocet winny i olej sezamowy, dopraw solą i pieprzem. Gotuj, aż sos będzie klarowny i zgęstnieje.

smażona kałamarnica

Serwuje 4

45 ml / 3 łyżki oleju arachidowego (arachidowego).
3 dymki (szalotka), pokrojone w grube plastry
2 plasterki korzenia imbiru, posiekane
450 g kalmarów pokrojonych na kawałki
15 ml / 1 łyżka sosu sojowego
15 ml / 1 łyżka wina ryżowego lub wytrawnego sherry
5 ml / 1 łyżeczka mąki kukurydzianej (skrobi kukurydzianej)
15 ml / 1 łyżka wody

Rozgrzej olej i podsmaż cebulę i imbir, aż będą miękkie. Dodaj kalmary i smaż, aż pokryją się olejem. Dodaj sos sojowy i wino lub sherry, przykryj i gotuj na wolnym ogniu przez 2 minuty. Mąkę kukurydzianą i wodę wymieszać na pastę, dodać do garnka i gotować na małym ogniu, mieszając, aż sos zgęstnieje, a kalmary będą miękkie.

Kalmary z suszonymi grzybami

Serwuje 4

50 g suszonych grzybów chińskich

450g/1 lb Krążki Kałamarnicy

45 ml / 3 łyżki oleju arachidowego (arachidowego).

45 ml / 3 łyżki sosu sojowego

2 dymki (szalotka), drobno posiekane

1 plasterek korzenia imbiru, posiekany

225 g pędów bambusa, pokrojonych w paski

30 ml / 2 łyżki mąki kukurydzianej (skrobia kukurydziana)

150 ml / ¬° pt / dobra ¬Ω filiżanka zupy rybnej

Grzyby moczymy przez 30 minut w ciepłej wodzie, następnie odcedzamy. Usuń łodygi i odetnij wierzchołki. Blanszuj kalmary we wrzącej wodzie przez kilka sekund. Rozgrzej olej, następnie dodaj grzyby, sos sojowy, dymkę i imbir i smaż przez 2 minuty. Dodaj kalmary i pędy bambusa i smaż przez 2 minuty. Połącz mąkę kukurydzianą i bulion i zamieszaj na patelni. Dusić, mieszając, aż sos się wyklaruje i zgęstnieje.

Kalmary z warzywami

Serwuje 4

45 ml / 3 łyżki oleju arachidowego (arachidowego).

1 cebula, pokrojona

5 ml / 1 łyżeczka soli

450 g kalmarów pokrojonych na kawałki

100 g pędów bambusa, pokrojonych w plasterki

2 łodygi selera, pokrojone ukośnie

60 ml / 4 łyżki bulionu z kurczaka

5 ml / 1 łyżeczka cukru

100 g groszku śnieżnego (grochu)

5 ml / 1 łyżeczka mąki kukurydzianej (skrobi kukurydzianej)

15 ml / 1 łyżka wody

Rozgrzej olej i smaż cebulę i sól na złoty kolor. Dodaj kalmary i smaż, aż pokryją się olejem. Dodaj pędy bambusa i seler i smaż przez 3 minuty. Dodaj bulion i cukier, zagotuj, przykryj i gotuj na wolnym ogniu przez 3 minuty, aż warzywa będą miękkie. Dodaj gorący sos. Wymieszaj mąkę kukurydzianą i wodę, aż stanie się pastą, wymieszaj ją na patelni i gotuj na wolnym ogniu, mieszając, aż sos zgęstnieje.

Anyżowy gulasz wołowy

Serwuje 4

30 ml / 2 łyżki oleju arachidowego (arachidowego).

450 g/1 lb stek wołowy

1 ząbek czosnku, rozgnieciony

45 ml / 3 łyżki sosu sojowego

15 ml / 1 łyżka wody

15 ml / 1 łyżka wina ryżowego lub wytrawnego sherry

5 ml / 1 łyżeczka soli

5 ml / 1 łyżeczka cukru

2 gwiazdki anyżu

Rozgrzej olej i smaż mięso ze wszystkich stron na złoty kolor. Dodaj pozostałe składniki, zagotuj, przykryj i gotuj na wolnym ogniu przez około 45 minut, następnie obróć mięso i dodaj trochę więcej wody i sosu sojowego, jeśli mięso jest suche. Piecz jeszcze 45 minut, aż mięso będzie miękkie. Przed podaniem rozpakuj anyż gwiazdkowaty.

Cielęcina Ze Szparagami

Serwuje 4

450 g kości ogonowej cielęcej pokrojonej w kostkę

30 ml / 2 łyżki sosu sojowego

30ml / 2 łyżki wina ryżowego lub wytrawnego sherry

45 ml / 3 łyżki mąki kukurydzianej (skrobia kukurydziana)

45 ml / 3 łyżki oleju arachidowego (arachidowego).
5 ml / 1 łyżeczka soli
1 ząbek czosnku, rozgnieciony
350 g główki szparagów
120 ml bulionu z kurczaka
15 ml / 1 łyżka sosu sojowego

Umieść stek w misce. Wymieszaj sos sojowy, wino lub sherry i 30 ml/2 łyżki skrobi kukurydzianej, polej stek i dobrze wymieszaj. Pozostaw do marynowania na 30 minut. Rozgrzej olej z solą i czosnkiem i smaż, aż czosnek się lekko zrumieni. Dodaj mięso i marynatę i gotuj na wolnym ogniu przez 4 minuty. Dodaj szparagi i smaż je na patelni przez 2 minuty. Dodaj bulion i sos sojowy, zagotuj i gotuj, mieszając, 3 minuty, aż wołowina będzie miękka. Wymieszaj pozostałą mąkę kukurydzianą z odrobiną wody lub bulionu i dodaj do sosu. Dusić kilka minut, mieszając, aż sos się rozjaśni i zgęstnieje.

Wołowina z pędami bambusa

Serwuje 4

45 ml / 3 łyżki oleju arachidowego (arachidowego).
1 ząbek czosnku, rozgnieciony
1 dymka (cebula), drobno posiekana
1 plasterek korzenia imbiru, posiekany

225 g chudej wołowiny pokrojonej w paski
100 g pędów bambusa
45 ml / 3 łyżki sosu sojowego
15 ml / 1 łyżka wina ryżowego lub wytrawnego sherry
5 ml / 1 łyżeczka mąki kukurydzianej (skrobi kukurydzianej)

Rozgrzej olej i podsmaż czosnek, cebulę dymkę i imbir na złoty kolor. Dodaj mięso i smaż przez 4 minuty, aż się zrumieni. Dodaj pędy bambusa i smaż przez 3 minuty. Dodaj sos sojowy, wino lub sherry i skrobię kukurydzianą i gotuj na wolnym ogniu przez 4 minuty.

Wołowina z pędami bambusa i grzybami

Serwuje 4

225 g chudej wołowiny
45 ml / 3 łyżki oleju arachidowego (arachidowego).
1 plasterek korzenia imbiru, posiekany
100 g pędów bambusa, pokrojonych w plasterki
100 g pieczarek pokrojonych w plasterki

45ml / 3 łyżki wina ryżowego lub wytrawnego sherry

5 ml / 1 łyżeczka cukru

10 ml / 2 łyżeczki sosu sojowego

sól i pieprz

120 ml bulionu wołowego

15 ml / 1 łyżka mąki kukurydzianej (skrobi kukurydzianej)

30 ml / 2 łyżki wody

Mięso kroimy w plastry cieńsze niż ziarno. Rozgrzej olej i smaż imbir przez kilka sekund. Dodać mięso i smażyć na złoty kolor. Dodaj pędy bambusa i grzyby i smaż przez 1 minutę. Dodaj wino lub sherry, cukier i sos sojowy, a następnie dopraw solą i pieprzem. Dodaj bulion, zagotuj, przykryj i gotuj przez 3 minuty. Mąkę kukurydzianą wymieszać z wodą, wlać do rondelka i gotować mieszając, aż sos zgęstnieje.

Duszona chińska wołowina

Serwuje 4

45 ml / 3 łyżki oleju arachidowego (arachidowego).

900 gramów steku wołowego

1 dymka (szalotka), pokrojona w plasterki

1 ząbek czosnku, posiekany

1 plasterek korzenia imbiru, posiekany

60 ml / 4 łyżki sosu sojowego

30ml / 2 łyżki wina ryżowego lub wytrawnego sherry

5 ml / 1 łyżeczka cukru

5 ml / 1 łyżeczka soli

szczypta pieprzu

750 ml / 1 punkt / 3 szklanki wrzącej wody

Rozgrzej olej i szybko obsmaż mięso ze wszystkich stron. Dodaj dymkę, czosnek, imbir, sos sojowy, wino lub sherry, cukier, sól i pieprz. Mieszając doprowadzić do wrzenia. Dodać wrzącą wodę, ponownie doprowadzić do wrzenia, mieszając, następnie przykryć i gotować na wolnym ogniu przez około 2 godziny, aż mięso będzie miękkie.

Wołowina z kiełkami fasoli

Serwuje 4

450g chudej wołowiny, pokrojonej w plastry

1 białko jajka

30 ml / 2 łyżki oleju arachidowego (arachidowego).

15 ml / 1 łyżka mąki kukurydzianej (skrobi kukurydzianej)

15 ml / 1 łyżka sosu sojowego

100 g kiełków fasoli

25 g kapusty kiszonej, posiekanej

1 drobno posiekana czerwona papryka

2 dymki (szalotka), posiekane

2 plasterki korzenia imbiru, posiekane

sól

5 ml / 1 łyżeczka sosu ostrygowego

5 ml / 1 łyżeczka oleju sezamowego

Wymieszaj mięso z białkiem, połową oleju, skrobią kukurydzianą i sosem sojowym, a następnie odstaw na 30 minut. Blanszuj kiełki fasoli we wrzącej wodzie przez około 8 minut, aż będą prawie miękkie, a następnie odcedź. Rozgrzej pozostały olej i lekko podsmaż mięso, a następnie zdejmij je z patelni. Dodaj kapustę, czerwoną paprykę, imbir, sól, sos ostrygowy i olej sezamowy i smaż przez 2 minuty. Dodaj kiełki fasoli i gotuj na wolnym ogniu przez 2 minuty. Ponownie włóż wołowinę na patelnię i smaż, aż dobrze się wymiesza i podgrzeje. Natychmiast podawaj.

Wołowina z brokułami

Serwuje 4

450 g kości ogonowej, cienko pokrojonej
30 ml / 2 łyżki mąki kukurydzianej (skrobia kukurydziana)
15 ml / 1 łyżka wina ryżowego lub wytrawnego sherry
15 ml / 1 łyżka sosu sojowego
30 ml / 2 łyżki oleju arachidowego (arachidowego).
5 ml / 1 łyżeczka soli
1 ząbek czosnku, rozgnieciony
225 g / 8 uncji różyczek brokuła
150 ml / ¬° pt / hojny ¬Ω kubek bulionu wołowego

Umieść stek w misce. Wymieszaj 15 ml/1 łyżkę skrobi kukurydzianej z winem lub sherry i sosem sojowym, dodaj mięso i marynuj przez 30 minut. Rozgrzej olej z solą i czosnkiem i smaż, aż czosnek się lekko zrumieni. Dodaj stek i marynatę i gotuj na wolnym ogniu przez 4 minuty. Dodaj brokuły i smaż przez 3 minuty. Dodaj bulion, zagotuj, przykryj i gotuj na wolnym ogniu przez 5 minut, aż brokuły będą miękkie, ale nadal chrupiące. Pozostałą mąkę kukurydzianą wymieszać z odrobiną wody i dodać do sosu. Dusić, mieszając, aż sos będzie klarowny i zgęstnieje.

Sezamowa Wołowina Z Brokułami

Serwuje 4

150 g chudej wołowiny, cienko pokrojonej

2,5 ml / ¬Ω łyżeczki sosu ostrygowego

5 ml / 1 łyżeczka mąki kukurydzianej (skrobi kukurydzianej)

5 ml / 1 łyżeczka białego octu winnego

60 ml / 4 łyżki oleju arachidowego (arachidowego).

100 g różyczek brokuła

5 ml / 1 łyżeczka sosu rybnego

2,5 ml / ¬Ω łyżeczki sosu sojowego

250 ml / 8 uncji / 1 szklanka bulionu wołowego

30 ml / 2 łyżki sezamu

Marynować mięso w sosie ostrygowym, 2,5 ml/łyżkę skrobi kukurydzianej, 2,5 ml/łyżkę octu winnego i 15 ml/1 łyżkę oleju przez 1 godzinę.

W międzyczasie podgrzej 15 ml/1 łyżkę oleju, dodaj brokuły, 2,5 ml/łyżkę sosu rybnego, sos sojowy i pozostały ocet winny i lekko zalej wrzącą wodą. Gotować na małym ogniu przez około 10 minut do miękkości.

Na osobnej patelni rozgrzej 30 ml/2 łyżki oleju i krótko podsmaż mięso na złoty kolor. Dodaj bulion, pozostałą mąkę kukurydzianą i sos rybny, zagotuj, przykryj i gotuj na wolnym ogniu przez około 10 minut, aż mięso będzie miękkie. Odcedź brokuły i połóż je na gorącym talerzu. Wierzch posmarować mięsem i obficie posypać sezamem.

Grillowane mięso

Serwuje 4

450 g chudego steku, pokrojonego w plastry
60 ml / 4 łyżki sosu sojowego
2 ząbki czosnku, posiekane
5 ml / 1 łyżeczka soli
2,5 ml / ¬Ω łyżeczki świeżo zmielonego pieprzu
10 ml / 2 łyżeczki cukru

Wszystkie składniki wymieszać i odstawić na 3 godziny. Na rozgrzanym grillu ok.

Mięso po kantońsku

Serwuje 4

30 ml / 2 łyżki mąki kukurydzianej (skrobia kukurydziana)
Ubij 2 białka jajek na sztywną pianę
450 g steku, pokrojonego w paski
smażymy na oleju
4 łodygi selera pokrojone w plasterki
2 cebule, pokrojone w plasterki
60 ml / 4 łyżki wody
20 ml / 4 łyżeczki soli

75 ml / 5 łyżek sosu sojowego

60ml / 4 łyżki wina ryżowego lub wytrawnego sherry

30 ml / 2 łyżki cukru

świeżo zmielony pieprz

Połowę mąki ziemniaczanej wymieszać z białkiem. Dodaj stek i mieszaj, aby mięso pokryło się mieszanką. Rozgrzej olej i smaż stek na złoty kolor. Zdjąć z patelni i odsączyć na papierze kuchennym. Podgrzej 15 ml/1 łyżkę oleju i smaż seler i cebulę przez 3 minuty. Dodać mięso, wodę, sól, sos sojowy, wino lub sherry oraz cukier i doprawić pieprzem. Doprowadzić do wrzenia i gotować, mieszając, aż sos zgęstnieje.

Wołowina z marchewką

Serwuje 4

30 ml / 2 łyżki oleju arachidowego (arachidowego).

450 g chudej wołowiny, pokrojonej w kostkę

2 dymki (szalotka), pokrojone w plasterki

2 ząbki czosnku, posiekane

1 plasterek korzenia imbiru, posiekany

250 ml / 8 uncji / 1 szklanka sosu sojowego

30ml / 2 łyżki wina ryżowego lub wytrawnego sherry

30 ml / 2 łyżki brązowego cukru

5 ml / 1 łyżeczka soli

600 ml / 1 pt / 2 ¬Ω szklanki wody
4 marchewki, pokrojone po przekątnej

Rozgrzej olej i smaż mięso na złoty kolor. Odcedź z nadmiaru oleju, dodaj szalotki, czosnek, imbir i anyż i gotuj na wolnym ogniu przez 2 minuty. Dodaj sos sojowy, wino lub sherry, cukier i sól i dobrze wymieszaj. Dodaj wodę, zagotuj, przykryj i gotuj na wolnym ogniu przez 1 godzinę. Dodaj marchewki, przykryj i gotuj przez kolejne 30 minut. Zdejmij pokrywkę i gotuj na wolnym ogniu, aż sos zniknie.

Wołowina z orzechami nerkowca

Serwuje 4

60 ml / 4 łyżki oleju arachidowego (arachidowego).
450 g kości ogonowej, cienko pokrojonej
8 cebul dymek (szallion), pokrojonych w kostkę
2 ząbki czosnku, posiekane
1 plasterek korzenia imbiru, posiekany
75 g / 3 uncje / ¼ filiżanki prażonych orzechów nerkowca
120 ml / 4 fl oz / ¬Ω szklanki wody
20 ml / 4 łyżeczki mąki kukurydzianej (skrobi kukurydzianej)
20 ml / 4 łyżeczki sosu sojowego
5 ml / 1 łyżeczka oleju sezamowego
5 ml / 1 łyżeczka sosu ostrygowego

5 ml / 1 łyżeczka ostrego sosu

Rozgrzej połowę oleju i smaż mięso na złoty kolor. Zdjąć z patelni. Rozgrzej pozostały olej i smaż dymkę, czosnek, imbir i orzechy nerkowca przez 1 minutę. Przełóż wołowinę z powrotem na patelnię. Resztę składników mieszamy i wlewamy na patelnię. Doprowadzić do wrzenia i gotować, mieszając, aż masa zgęstnieje.

Wolnowar z wołowiny

Serwuje 4

30 ml / 2 łyżki oleju arachidowego (arachidowego).
450 g gulaszu wołowego pokrojonego w kostkę
3 plastry korzenia imbiru, posiekane
3 marchewki, pokrojone
1 rzepa, pokrojona w kostkę
15 ml / 1 łyżka czarnych daktyli bez pestek
15 ml / 1 łyżka nasion lotosu
30 ml / 2 łyżki koncentratu pomidorowego √ © e (pasta)
10 ml / 2 łyżki soli
900 ml / 1 om / 3 ć szklanki bulionu wołowego
250ml / 8 fl oz / 1 szklanka wina ryżowego lub wytrawnego sherry

Rozgrzej olej na dużej patelni lub patelni z nieprzywierającą powłoką i smaż mięso, aż się zrumieni ze wszystkich stron.

Wołowina z kalafiorem

Serwuje 4

225 g różyczek kalafiora
smażymy na oleju
225 g wołowiny pokrojonej w paski
50 g pędów bambusa pokrojonych w paski
10 kasztanów wodnych pokrojonych w paski
120 ml bulionu z kurczaka
15 ml / 1 łyżka sosu sojowego
15 ml / 1 łyżka sosu ostrygowego
15 ml / 1 łyżka koncentratu pomidorowego √ © e (pasta)
15 ml / 1 łyżka mąki kukurydzianej (skrobi kukurydzianej)
2,5 ml / ¬Ω łyżeczki oleju sezamowego

Kalafior blanszować we wrzącej wodzie przez 2 minuty, następnie odcedzić. Rozgrzej olej i smaż kalafior na złoty kolor. Odsączyć na papierze kuchennym i osączyć. Rozgrzej olej i smaż mięso, aż się lekko zrumieni, następnie odcedź i odsącz. Wlać wszystko oprócz 15 ml/1 łyżkę oleju i smażyć pędy bambusa i kasztany wodne przez 2 minuty. Dodajemy pozostałe składniki, doprowadzamy do wrzenia i gotujemy, mieszając, aż sos zgęstnieje. Umieść wołowinę i kalafior z powrotem na patelni i delikatnie podgrzej. Natychmiast podawaj.

Cielęcina z selerem

Serwuje 4

100 g selera pokrojonego w paski
45 ml / 3 łyżki oleju arachidowego (arachidowego).
2 dymki (szalotka), posiekane
1 plasterek korzenia imbiru, posiekany
225 g chudej wołowiny pokrojonej w paski
30 ml / 2 łyżki sosu sojowego
30ml / 2 łyżki wina ryżowego lub wytrawnego sherry
2,5 ml / ¬Ω łyżeczki cukru
2,5 ml / ¬Ω łyżeczki soli

Blanszuj seler we wrzącej wodzie przez 1 minutę, a następnie dobrze odsącz. Rozgrzać olej i smażyć dymkę i imbir na złoty kolor. Dodaj mięso i smaż przez 4 minuty. Dodaj seler i smaż przez 2 minuty. Dodaj sos sojowy, wino lub sherry, cukier i sól i gotuj na wolnym ogniu przez 3 minuty.

Plasterki rostbefu z selerem

Serwuje 4

30 ml / 2 łyżki oleju arachidowego (arachidowego).
450 g chudej wołowiny, pokrojonej w paski
3 łodygi selera naciowego, posiekane
1 drobno posiekana cebula
1 dymka (szalotka), pokrojona w plasterki
1 plasterek korzenia imbiru, posiekany
30 ml / 2 łyżki sosu sojowego
15 ml / 1 łyżka wina ryżowego lub wytrawnego sherry
2,5 ml / ¬Ω łyżeczki cukru
2,5 ml / ¬Ω łyżeczki soli
10 ml / 2 łyżeczki mąki kukurydzianej (skrobi kukurydzianej)
30 ml / 2 łyżki wody

Rozgrzać połowę bardzo gorącego oleju i smażyć mięso przez 1 minutę na złoty kolor. Zdjąć z patelni. Rozgrzej pozostały olej i lekko ugotuj na parze seler, cebulę, dymkę i imbir. Umieść wołowinę z powrotem na patelni z sosem sojowym, winem lub sherry, cukrem i solą, zagotuj i gotuj na wolnym ogniu do ponownego podgrzania. Połącz mąkę kukurydzianą i wodę, zamieszaj na patelni i gotuj na wolnym ogniu, aż sos zgęstnieje. Natychmiast podawaj.

Plastry wołowiny z kurczakiem i selerem

Serwuje 4

4 suszone grzyby chińskie
45 ml / 3 łyżki oleju arachidowego (arachidowego).
2 ząbki czosnku, posiekane
1 korzeń imbiru, pokrojony i zmielony
5 ml / 1 łyżeczka soli
100 g chudej wołowiny pokrojonej w paski
100 g kurczaka pokrojonego w paski
2 marchewki, pokrojone w paski
2 łodygi selera naciowego, pokrojone w paski
4 dymki (szalotka), pokrojone w paski
5 ml / 1 łyżeczka cukru
5 ml / 1 łyżeczka sosu sojowego

5 ml / 1 łyżeczka wina ryżowego lub wytrawnego sherry
45 ml / 3 łyżki wody
5 ml / 1 łyżeczka mąki kukurydzianej (skrobi kukurydzianej)

Grzyby moczymy przez 30 minut w ciepłej wodzie, następnie odcedzamy. Usuń łodygi i odetnij kapelusze. Rozgrzej olej i podsmaż czosnek, imbir i sól na złoty kolor. Dodaj wołowinę i kurczaka i smaż, aż zacznie się rumienić. Dodać seler, dymkę, cukier, sos sojowy, wino lub sherry oraz wodę i zagotować. Przykryj i gotuj na wolnym ogniu przez około 15 minut, aż mięso będzie miękkie. Mąkę kukurydzianą wymieszać z odrobiną wody, dodać do sosu i gotować mieszając, aż sos zgęstnieje.

Mięso z chili

Serwuje 4

450 g polędwicy wołowej pokrojonej w paski
45 ml / 3 łyżki sosu sojowego
15 ml / 1 łyżka wina ryżowego lub wytrawnego sherry

15 ml / 1 łyżka brązowego cukru

15 ml / 1 łyżka drobno posiekanego korzenia imbiru

30 ml / 2 łyżki oleju arachidowego (arachidowego).

50 g pędów bambusa, pokrojonych w zapałki

1 cebula, pokrojona w paski

1 łodyga selera pokrojona w zapałki

2 czerwone papryczki chilli, pozbawione pestek i pokrojone w paski

120 ml bulionu z kurczaka

15 ml / 1 łyżka mąki kukurydzianej (skrobi kukurydzianej)

Umieść stek w misce. Wymieszać sos sojowy, wino lub sherry, cukier i imbir i dodać do steku. Pozostaw do marynowania na 1 godzinę. Wyjąć stek z marynaty. Rozgrzać połowę oleju i smażyć pędy bambusa, cebulę, seler i chilli przez 3 minuty, po czym zdjąć z patelni. Rozgrzej pozostały olej i smaż stek przez 3 minuty. Wymieszać marynatę, doprowadzić do wrzenia i dodać pieczone warzywa. Gotuj, mieszając, przez 2 minuty. Wymieszaj bulion i skrobię kukurydzianą i dodaj do garnka. Doprowadzić do wrzenia i gotować na wolnym ogniu, mieszając, aż sos stanie się klarowny i zgęstnieje.

kapusta pekińska

Serwuje 4

225 g chudej wołowiny

30 ml / 2 łyżki oleju arachidowego (arachidowego).

350 g bok choy, startego

120 ml bulionu wołowego

sól i świeżo zmielony pieprz

10 ml / 2 łyżeczki mąki kukurydzianej (skrobi kukurydzianej)

30 ml / 2 łyżki wody

Mięso kroimy w plastry cieńsze niż ziarno. Rozgrzej olej i smaż mięso na złoty kolor. Dodaj bok choy i smaż, aż lekko zmięknie. Dodać zupę, zagotować, doprawić solą i pieprzem. Przykryj i gotuj na wolnym ogniu przez 4 minuty, aż mięso będzie miękkie.

Mąkę kukurydzianą wymieszać z wodą, wlać do rondelka i gotować mieszając, aż sos zgęstnieje.

Suey Kotlet Cielęcy

Serwuje 4

3 łodygi selera pokrojone w plasterki

100 g kiełków fasoli

100 g różyczek brokuła

60 ml / 4 łyżki oleju arachidowego (arachidowego).

3 dymki (szalotka), posiekane

2 ząbki czosnku, posiekane

1 plasterek korzenia imbiru, posiekany

225 g chudej wołowiny pokrojonej w paski

45 ml / 3 łyżki sosu sojowego

15 ml / 1 łyżka wina ryżowego lub wytrawnego sherry

5 ml / 1 łyżeczka soli

2,5 ml / ¬Ω łyżeczki cukru

świeżo zmielony pieprz

15 ml / 1 łyżka mąki kukurydzianej (skrobi kukurydzianej)

Blanszować seler, kiełki fasoli i brokuły we wrzącej wodzie przez 2 minuty, następnie odcedzić i osuszyć. Podgrzej 45 ml / 3 łyżki oleju i podsmaż dymkę, czosnek i imbir na złoty kolor. Dodaj mięso i smaż przez 4 minuty. Zdjąć z patelni. Rozgrzej pozostały olej i smaż warzywa przez 3 minuty. Dodaj mięso, sos sojowy, wino lub sherry, sól, cukier i szczyptę pieprzu i gotuj na wolnym ogniu przez 2 minuty. Mąkę kukurydzianą wymieszać z odrobiną wody, wlać do garnka i gotować mieszając, aż sos stanie się klarowny i zgęstnieje.

wołowina z ogórkiem

Serwuje 4

450 g kości ogonowej, cienko pokrojonej
45 ml / 3 łyżki sosu sojowego
30 ml / 2 łyżki mąki kukurydzianej (skrobia kukurydziana)
60 ml / 4 łyżki oleju arachidowego (arachidowego).

2 ogórki, obrane, pozbawione gniazd nasiennych i pokrojone w plasterki

60 ml / 4 łyżki bulionu z kurczaka

30ml / 2 łyżki wina ryżowego lub wytrawnego sherry

sól i świeżo zmielony pieprz

Umieść stek w misce. Wymieszaj sos sojowy i skrobię kukurydzianą razem i wymieszaj ze stekiem. Pozostaw do marynowania na 30 minut. Rozgrzej połowę oleju i smaż ogórek przez 3 minuty, aż stanie się przezroczysty, a następnie zdejmij go z patelni. Rozgrzej pozostały olej i smaż stek na złoty kolor. Dodaj ogórka i smaż przez 2 minuty. Dodaj bulion, wino lub sherry i dopraw solą i pieprzem. Doprowadzić do wrzenia, przykryć i gotować na wolnym ogniu przez 3 minuty.

mięso chow mein

Serwuje 4

Filet z polędwicy 750 g / 1 ¬Ω lb

2 cebule

45 ml / 3 łyżki sosu sojowego

45ml / 3 łyżki wina ryżowego lub wytrawnego sherry

15 ml / 1 łyżka masła orzechowego

5 ml / 1 łyżeczka soku z cytryny

350 g makaronu jajecznego

60 ml / 4 łyżki oleju arachidowego (arachidowego).

175 ml / 6 fl oz / ¼ szklanki rosołu

15 ml / 1 łyżka mąki kukurydzianej (skrobi kukurydzianej)

30 ml / 2 łyżki sosu ostrygowego

4 dymki (szalotka), posiekane

3 łodygi selera pokrojone w plasterki

100 g pieczarek pokrojonych w plasterki

1 zielona papryka, pokrojona w paski

100 g kiełków fasoli

Obrać i odciąć tłuszcz z mięsa. Parmezan pokroić w poprzek na cienkie plasterki. Cebulę pokroić w krążki, rozdzielić warstwy. Zmieszaj 15 ml/1 łyżkę sosu sojowego z 15 ml/1 łyżką wina lub sherry, masłem orzechowym i sokiem z cytryny. Dodać mięso, przykryć i odstawić na 1 godzinę. Makaron gotujemy we wrzącej wodzie przez około 5 minut lub do miękkości. Dobrze odcedź. Rozgrzej 15 ml/1 łyżkę oleju, dodaj 15 ml/1 łyżkę sosu sojowego i makaron i smaż przez 2 minuty na złoty kolor. Połóż na gorącym talerzu.

Wymieszaj pozostały sos sojowy i wino lub sherry z bulionem, skrobią kukurydzianą i sosem ostrygowym. Rozgrzej 15 ml/1 łyżkę oleju i smaż cebulę przez 1 minutę. Dodaj seler, pieczarki, paprykę i kiełki fasoli i smaż przez 2 minuty. Wyjąć z woka. Rozgrzej pozostały olej i smaż mięso na złoty kolor. Dodaj bulion, zagotuj, przykryj i gotuj przez 3 minuty. Umieść warzywa z powrotem na woku i smaż je przez około 4 minuty, aż będą gorące. Wylej mieszankę na makaron i podawaj.

stek z ogórka

Serwuje 4

450 g polędwicy wołowej
10 ml / 2 łyżeczki mąki kukurydzianej (skrobi kukurydzianej)
10 ml / 2 łyżeczki soli
2,5 ml / ¬Ω łyżeczki świeżo zmielonego pieprzu
90 ml / 6 łyżek oleju arachidowego (arachidowego).
1 cebula, drobno posiekana
1 ogórek, obrany i pokrojony w plasterki
120 ml bulionu wołowego

Pokrój stek w paski, a następnie w cienkie plastry pod słoje. Umieść w misce i dodaj mąkę kukurydzianą, sól, pieprz i połowę oleju. Pozostaw do marynowania na 30 minut. Rozgrzej pozostały olej i smaż mięso i cebulę na złoty kolor. Dodaj ogórek i bulion, zagotuj, przykryj i gotuj przez 5 minut.

Pieczona wołowina z curry

Serwuje 4

45 ml / 3 łyżki masła

15 ml / 1 łyżka curry w proszku

45 ml / 3 łyżki mąki (uniwersalnej).

375 ml / 13 fl oz / 1-Ω filiżanka mleka

15 ml / 1 łyżka sosu sojowego

sól i świeżo zmielony pieprz

450 g gotowanego mięsa mielonego

100 g groszku

2 marchewki, drobno posiekane

2 cebule, posiekane

225 g gotowanego ryżu długoziarnistego, gorącego

1 jajko na twardo, pokrojone

Rozpuść masło, dodaj curry i mąkę i gotuj przez 1 minutę. Dodaj mleko i sos sojowy, zagotuj i gotuj na wolnym ogniu przez 2 minuty, mieszając. Dopraw solą i pieprzem. Dodaj wołowinę, groszek, marchewkę i cebulę i dobrze wymieszaj, aby pokryły się sosem. Dodaj ryż, następnie przenieś mieszankę do brytfanny i gotuj w nagrzanym piekarniku w temperaturze 200 ∞ C / 400 ∞ F / stopień gazu 6 przez 20 minut, aż warzywa będą miękkie. Podawać udekorowane plasterkami gotowanego jajka.

uchowiec marynowany

Serwuje 4

450 g/1 funt Abalone w puszce

45 ml / 3 łyżki sosu sojowego

30 ml / 2 łyżki octu winnego

5 ml / 1 łyżeczka cukru

kilka kropli oleju sezamowego

Odcedź abalone i pokrój w cienkie plasterki lub paski. Wymieszaj pozostałe składniki, polej abalone i dobrze wymieszaj. Przykryj i wstaw do lodówki na 1 godzinę.

Pędy bambusa gotowane na parze

Serwuje 4

60 ml / 4 łyżki oleju arachidowego (arachidowego).
225 g pędów bambusa, pokrojonych w paski
60 ml / 4 łyżki bulionu z kurczaka
15 ml / 1 łyżka sosu sojowego
5 ml / 1 łyżeczka cukru
5 ml / 1 łyżeczka wina ryżowego lub wytrawnego sherry

Rozgrzać olej i smażyć pędy bambusa przez 3 minuty. Wymieszaj bulion, sos sojowy, cukier i wino lub sherry i wlej na patelnię. Przykryć i gotować na małym ogniu przez 20 minut. Pozostaw do ostygnięcia i schłodzenia przed podaniem.

Kurczak Ogórek

Serwuje 4

1 ogórek, obrany i pozbawiony gniazd nasiennych
225 g gotowanego kurczaka pokrojonego na małe kawałki
5 ml / 1 łyżeczka musztardy w proszku
2,5 ml / ¬Ω łyżeczki soli
30 ml / 2 łyżki octu winnego

Ogórka pokroić w paski i ułożyć na talerzu. Ułóż kurczaka na wierzchu. Wymieszaj musztardę, sól i ocet winny i polej kurczaka tuż przed podaniem.

sezamowy Kurczak

Serwuje 4

350 g gotowanego kurczaka
120 ml / 4 fl oz / ½ szklanki wody
5 ml / 1 łyżeczka musztardy w proszku
15 ml / 1 łyżka sezamu
2,5 ml / ½ łyżeczki soli
szczypta cukru
45 ml / 3 łyżki posiekanej świeżej kolendry
5 cebul dymek (szallion), posiekanych
½ główka sałaty, starta

Kurczaka pokroić w cienkie paski. Wymieszaj tyle wody z musztardą, aby uzyskać gładką pastę i dodaj ją do kurczaka. Ziarna sezamu uprażyć na suchej patelni, aż się lekko zrumienią, następnie dodać je do kurczaka i posypać solą i cukrem. Dodaj połowę pietruszki i dymki i dobrze wymieszaj. Ułóż sałatkę na talerzu do serwowania, udekoruj mieszanką kurczaka i udekoruj pozostałą pietruszką.

liczi z imbirem

Serwuje 4

1 duży arbuz przekrojony na pół i pozbawiony pestek
450 g liczi z puszki, odsączone
5 cm / 2 łodygi imbiru, pokrojone w plasterki
kilka listków mięty

Połowę melona nadziać liczi i imbirem, udekorować listkiem mięty. Schłodzić przed podaniem.

Czerwone gotowane skrzydełka z kurczaka

Serwuje 4

8 skrzydełek z kurczaka
2 dymki (szalotka), posiekane
75 ml / 5 łyżek sosu sojowego
120 ml / 4 fl oz / ¬Ω szklanki wody
30 ml / 2 łyżki brązowego cukru

Przytnij i wyrzuć kościsty koniec skrzydełka kurczaka i przekrój go na pół. Włożyć do rondelka z pozostałymi składnikami, doprowadzić do wrzenia, przykryć i gotować na małym ogniu przez 30 minut. Zdejmij pokrywkę i gotuj na wolnym ogniu przez kolejne 15 minut, często podlewając. Pozostawić do ostygnięcia przed podaniem, a następnie schłodzić.

Mięso kraba z ogórkiem

Serwuje 4

100 g mięsa kraba, płatków
2 ogórki, obrane i pokrojone
1 plasterek korzenia imbiru, posiekany
15 ml / 1 łyżka sosu sojowego
30 ml / 2 łyżki octu winnego
5 ml / 1 łyżeczka cukru
kilka kropli oleju sezamowego

Umieść mięso kraba i ogórka w misce. Wymieszaj pozostałe składniki, polej mieszanką mięsa krabów i dobrze wymieszaj. Przykryj i wstaw do lodówki na 30 minut przed podaniem.

marynowane grzyby

Serwuje 4

225 g borowików

30 ml / 2 łyżki sosu sojowego

15 ml / 1 łyżka wina ryżowego lub wytrawnego sherry

szczypta soli

kilka kropel Tabasco

kilka kropli oleju sezamowego

Blanszuj grzyby we wrzącej wodzie przez 2 minuty, następnie odcedź i osusz. Przekładamy do miski i zalewamy resztą składników. Dobrze wymieszaj i pozostaw do ostygnięcia przed podaniem.

Marynowane pieczarki czosnkowe

Serwuje 4

225 g borowików
3 ząbki czosnku, posiekane
30 ml / 2 łyżki sosu sojowego
30ml / 2 łyżki wina ryżowego lub wytrawnego sherry
15 ml / 1 łyżka oleju sezamowego
szczypta soli

Włóż grzyby i czosnek do durszlaka, zalej wrzącą wodą i pozostaw na 3 minuty. Odcedź i dobrze osusz. Wymieszaj pozostałe składniki, polej marynatą grzyby i marynuj przez 1 godzinę.

Krewetki i kalafior

Serwuje 4

225 g różyczek kalafiora

100 g obranych krewetek

15 ml / 1 łyżka sosu sojowego

5 ml / 1 łyżeczka oleju sezamowego

Osobno gotuj kalafior przez około 5 minut, aż będzie miękki, ale nadal chrupiący. Wymieszać z krewetkami, skropić sosem sojowym i olejem sezamowym, wymieszać. Schłodzić przed podaniem.

Paluszki z szynki sezamowej

Serwuje 4

225 g szynki pokrojonej w paski
10 ml / 2 łyżeczki sosu sojowego
2,5 ml / ¬Ω łyżeczki oleju sezamowego

Ułóż szynkę na talerzu do serwowania. Wymieszaj sos sojowy i olej sezamowy, posyp szynkę i podawaj.

zimne tofu

Serwuje 4

450 g tofu pokrojonego w plastry
45 ml / 3 łyżki sosu sojowego
45 ml / 3 łyżki oleju arachidowego (arachidowego).
świeżo zmielony pieprz

Włóż tofu, kilka plasterków, do durszlaka i zanurz we wrzątku na 40 sekund, następnie odsącz i połóż na talerzu. Pozostaw do ostygnięcia. Wymieszaj sos sojowy z olejem, posyp tofu i podawaj posypane pieprzem.

Kurczak Z Boczkiem

Serwuje 4

225 g kurczaka, bardzo cienko pokrojonego
75 ml / 5 łyżek sosu sojowego
15 ml / 1 łyżka wina ryżowego lub wytrawnego sherry
1 ząbek czosnku, rozgnieciony
15 ml / 1 łyżka brązowego cukru
5 ml / 1 łyżeczka soli
5 ml / 1 łyżeczka mielonego korzenia imbiru
225 g chudego boczku, pokrojonego w kostkę
100 g kasztanów wodnych, pokrojonych bardzo cienko
30 ml / 2 łyżki miodu

Umieść kurczaka w misce. Wymieszaj 45 ml/3 łyżki sosu sojowego z winem lub sherry, czosnkiem, cukrem, solą i imbirem, polej kurczaka i marynuj przez ok. Przez 3 godziny. Umieść kurczaka, bekon i kasztany na szpikulcu do szaszłyków. Wymieszaj pozostały sos sojowy z miodem i posmaruj szaszłyki. Grilluj (usmaż) pod gorącym brojlerem przez około 10 minut, aż się ugotuje, często obracając i polewając większą ilością glazury podczas gotowania.

Frytki z kurczaka i banana

Serwuje 4

2 ugotowane piersi z kurczaka
2 twarde banany
6 kromek chleba
4 jajka
120 ml / 4 fl oz / ¬Ω filiżanka mleka
50 g / 2 uncje / ¬Ω szklanki mąki uniwersalnej.
225g / 8 uncji / 4 szklanki świeżej bułki tartej
smażymy na oleju

Kurczaka pokroić na 24 kawałki. Banana obrać i pokroić wzdłuż na ćwiartki. Pokrój każdą ćwiartkę na 3 części, aby uzyskać 24 części. Odetnij skórkę z chleba i pokrój go na ćwiartki. Wbij jajko i mleko i pomaluj jedną stronę chleba. Połóż kawałek kurczaka i kawałek banana na posmarowanej jajkiem stronie każdego kawałka chleba. Lekko oprósz mąką kwadraty, następnie zanurz je w jajku i obtocz w bułce tartej. Przejdź przez jajko i bułkę tartą. Rozgrzej olej i smaż kilka kwadratów na złoty kolor. Przed podaniem odsączyć na papierze kuchennym.

Kurczak Z Imbirem I Pieczarkami

Serwuje 4

225 g filetu z piersi kurczaka

5 ml/1 łyżeczka proszku pięciu przypraw

15 ml/1 łyżka mąki (uniwersalnej).

120 ml / 4 fl oz / ¬Ω szklanki oleju z orzeszków ziemnych.

4 szalotki przekrojone na pół

1 ząbek czosnku, pokrojony

1 plasterek korzenia imbiru, posiekany

25 g / 1 oz / ¬° szklanki orzechów nerkowca

5 ml / 1 łyżeczka miodu

15 ml / 1 łyżka mąki ryżowej

75ml / 5 łyżek wina ryżowego lub wytrawnego sherry

100 g pieczarek pokrojonych w ćwiartki

2,5 ml / ¬Ω łyżeczki kurkumy

6 żółtych papryk przekrojonych na pół

5 ml / 1 łyżeczka sosu sojowego

¬¬ sok z cytryny

sól i pieprz

4 chrupiące liście sałaty

Pierś z kurczaka wraz z parmezanem kroimy ukośnie w cienkie paski. Posypać proszkiem pięciu przypraw i cienko obtoczyć w mące. Rozgrzej 15 ml/1 łyżkę oleju i usmaż kurczaka na złoty kolor. Zdjąć z patelni. Podgrzej trochę więcej oleju i smaż szalotki, czosnek, imbir i orzechy nerkowca przez 1 minutę. Dodaj miód i mieszaj, aż warzywa się pokryją. Posyp mąką, a następnie dodaj wino lub sherry. Dodaj grzyby, kurkumę i czerwoną paprykę i smaż przez 1 minutę. Dodaj kurczaka, sos sojowy, połowę soku z cytryny, sól i pieprz i podgrzej. Zdjąć z patelni i trzymać w cieple. Rozgrzej jeszcze trochę oleju, dodaj liście sałaty i szybko je usmaż,

kurczak i szynka

Serwuje 4

225 g kurczaka, bardzo cienko pokrojonego
75 ml / 5 łyżek sosu sojowego
15 ml / 1 łyżka wina ryżowego lub wytrawnego sherry
15 ml / 1 łyżka brązowego cukru
5 ml / 1 łyżeczka mielonego korzenia imbiru
1 ząbek czosnku, rozgnieciony
225 g gotowanej szynki pokrojonej w kostkę
30 ml / 2 łyżki miodu

Umieść kurczaka w misce z 45 ml / 3 łyżkami sosu sojowego, winem lub sherry, cukrem, imbirem i czosnkiem. Pozostaw do marynowania na 3 godziny. Na szaszłyk do szaszłyków nałóż kurczaka i szynkę. Wymieszaj pozostały sos sojowy z miodem i posmaruj szaszłyki. Grilluj (usmaż) pod gorącym brojlerem przez około 10 minut, często obracając i polewając glazurą podczas gotowania.

Grillowana wątróbka drobiowa

Serwuje 4

450 g wątróbki drobiowej

45 ml / 3 łyżki sosu sojowego

15 ml / 1 łyżka wina ryżowego lub wytrawnego sherry

15 ml / 1 łyżka brązowego cukru

5 ml / 1 łyżeczka soli

5 ml / 1 łyżeczka mielonego korzenia imbiru

1 ząbek czosnku, rozgnieciony

Blanszuj wątróbki drobiowe we wrzącej wodzie przez 2 minuty, a następnie dobrze odsącz. Umieść w misce ze wszystkimi pozostałymi składnikami oprócz oleju i marynuj przez około 3 godziny. Umieść wątróbki drobiowe na szpikulcu do szaszłyków i grilluj je pod gorącym grillem przez około 8 minut na złoty kolor.

Kulki krabowe z kasztanami wodnymi

Serwuje 4

450 g mielonego mięsa kraba
100 g drobno posiekanych kasztanów wodnych
1 ząbek czosnku, rozgnieciony
1 cm/¬Ω korzeń imbiru pokrojony w plasterki, posiekany
45 ml / 3 łyżki mąki kukurydzianej (skrobia kukurydziana)
30 ml / 2 łyżki sosu sojowego
15 ml / 1 łyżka wina ryżowego lub wytrawnego sherry
5 ml / 1 łyżeczka soli
5 ml / 1 łyżeczka cukru
3 ubite jajka
smażymy na oleju

Wszystkie składniki poza olejem wymieszać i uformować kulki. Rozgrzej olej i smaż kulki kraba na złoty kolor. Dobrze odcedź przed podaniem.

zmniejszyć sumę

Serwuje 4

100 g obranych krewetek, pokrojonych na małe kawałki
225 g chudej wieprzowiny, drobno posiekanej
50 g drobno posiekanej kapusty pekińskiej
3 dymki (szalotka), posiekane
1 ubite jajko
30 ml / 2 łyżki mąki kukurydzianej (skrobia kukurydziana)
10 ml / 2 łyżeczki sosu sojowego
5 ml / 1 łyżeczka oleju sezamowego
5 ml / 1 łyżeczka sosu ostrygowego
24 wontonowe skórki
smażymy na oleju

Wmieszaj krewetki, wieprzowinę, kapustę i dymkę. Wymieszaj razem jajko, skrobię kukurydzianą, sos sojowy, olej sezamowy i sos ostrygowy. Umieść łyżkę mieszanki na środku każdego wontona. Ostrożnie zawiń nadzienie, zawiń brzegi, ale górną część pozostaw otwartą. Rozgrzej olej i smaż po trochu dim sum na złoty kolor. Dobrze odcedź i podawaj na gorąco.

Roladki z kurczaka i szynki

Serwuje 4

2 piersi z kurczaka
1 ząbek czosnku, rozgnieciony
2,5 ml / ¬Ω łyżeczki soli
2,5 ml / ¬Ω łyżeczki proszku pięciu przypraw
4 plastry gotowanej szynki
1 ubite jajko
30 ml / 2 łyżki mleka
25 g / 1 uncja / ¬° szklanki mąki pszennej (uniwersalnej).
4 skórki z bułek jajecznych
smażymy na oleju

Piersi z kurczaka przekroić na pół. Ubij je bardzo cienko. Wymieszaj czosnek, sól i proszek pięciu przypraw i posyp kurczaka. Na każdym kawałku kurczaka połóż plaster szynki i dokładnie zwiń. Wymieszaj jajko i mleko. Lekko oprószyć mąką kawałki kurczaka, a następnie obtoczyć je w mieszance jajecznej. Każdy kawałek ułożyć na skórce rolady i posmarować brzegi roztrzepanym jajkiem. Zawiń boki, a następnie zwiń, ściskając krawędzie, aby się skleiły. Rozgrzej olej i smaż roladki na złoty kolor przez około 5 minut.

złote i ugotowane. Odsącz na papierze kuchennym, a następnie pokrój w grube plastry ukośnie do podania.

Loki gotowanej szynki

Serwuje 4

350 g / 12 uncji / 3 szklanki mąki (uniwersalnej).

175 g / 6 uncji / ¼ szklanki masła

120 ml / 4 fl oz / ¬Ω szklanki wody

225 g szynki mielonej

100 g posiekanych pędów bambusa

2 dymki (szalotka), posiekane

15 ml / 1 łyżka sosu sojowego

30 ml / 2 łyżki sezamu

Do miski wsypać mąkę i dodać masło. Wymieszaj z wodą, aby uzyskać pastę. Rozwałkuj ciasto i wytnij koła o średnicy 5 cm/2 cm. Wymieszaj wszystkie pozostałe składniki z wyjątkiem nasion sezamu i posyp je łyżką. Brzegi ciasta francuskiego posmarować wodą i skleić. Z zewnątrz posmarować wodą i posypać sezamem. Piec w nagrzanym piekarniku w 180¬∞C / 350¬∞F / stopień gazu 4 przez 30 minut.

pseudowędzona ryba

Serwuje 4

1 okoń morski

3 plasterki korzenia imbiru, pokrojone

1 ząbek czosnku, rozgnieciony

1 dymka (szalotka), grubo pokrojona

75 ml / 5 łyżek sosu sojowego

30ml / 2 łyżki wina ryżowego lub wytrawnego sherry

2,5 ml / ¬Ω łyżeczki mielonego anyżu

2,5 ml / ¬Ω łyżeczki oleju sezamowego

10 ml / 2 łyżeczki cukru

120 ml / 4 fl oz / ¬Ω szklanka bulionu

smażymy na oleju

5 ml / 1 łyżeczka mąki kukurydzianej (skrobi kukurydzianej)

Rybę obrać ze skórki i pokroić w żylaste plastry o grubości 5 mm. Wymieszaj imbir, czosnek, dymkę, 60 ml/4 łyżki sosu sojowego, sherry, anyż i olej sezamowy. Wlej to na rybę i pozwól jej pysznie pachnieć. Odstawić na 2 godziny, od czasu do czasu mieszając.

Odcedź marynatę na patelni i rozłóż rybę na papierze kuchennym. Dodaj cukier, bulion i pozostały sos sojowy.

marynować, doprowadzić do wrzenia i gotować 1 minutę. Jeśli sos musi zgęstnieć, wymieszaj mąkę kukurydzianą z odrobiną zimnej wody, dodaj do sosu i gotuj, mieszając, aż sos zgęstnieje.

W międzyczasie rozgrzej olej i smaż rybę na złoty kolor. Dobrze odcedź. Zanurz kawałki ryby w marynacie i umieść je na gorącym talerzu. Podawać na ciepło lub na zimno.

pieczarki na parze

Serwuje 4

12 dużych suszonych grzybów

225 g mięsa kraba

3 kasztany wodne, posiekane

2 dymki (szalotka), drobno posiekane

1 białko jajka

15 ml / 1 łyżka mąki kukurydzianej (skrobi kukurydzianej)

15 ml / 1 łyżka sosu sojowego

15 ml / 1 łyżka wina ryżowego lub wytrawnego sherry

Grzyby namoczyć w ciepłej wodzie na całą noc. Wysuszyć. Wymieszaj pozostałe składniki i napełnij kapelusze pieczarek. Umieścić na stojaku do gotowania na parze i gotować na parze przez 40 minut. Podawać na gorąco.

Pieczarki w sosie ostrygowym

Serwuje 4

10 suszonych grzybów chińskich
250 ml / 8 uncji / 1 szklanka bulionu wołowego
15 ml / 1 łyżka mąki kukurydzianej (skrobi kukurydzianej)
30 ml / 2 łyżki sosu ostrygowego
5 ml / 1 łyżeczka wina ryżowego lub wytrawnego sherry

Grzyby namoczyć w ciepłej wodzie przez 30 minut, następnie odcedzić i odstawić 250 ml / 8 fl oz / 1 szklanka płynu, w którym się moczyły. Odrzuć łodygi. Zmieszaj 60 ml / 4 łyżki bulionu wołowego ze skrobią kukurydzianą na pastę. Pozostały bulion wołowy zagotować z grzybami i płynem grzybowym, przykryć i dusić 20 minut. Wyjmij grzyby z płynu łyżką cedzakową i umieść je na ciepłym talerzu. Dodaj sos ostrygowy i sherry na patelnię i gotuj na wolnym ogniu, mieszając, przez 2 minuty. Dodaj mąkę kukurydzianą i gotuj na małym ogniu, mieszając, aż sos zgęstnieje. Polać pieczarkami i od razu podawać.

Rolada wieprzowa i sałatka

Serwuje 4

4 suszone grzyby chińskie
15 ml / 1 łyżka oleju arachidowego (arachidowego).
225 g chudej wieprzowiny, mielonej
100 g posiekanych pędów bambusa
100 g drobno posiekanych kasztanów wodnych
4 dymki (szalotka), posiekane
175g mięsa kraba, płatków
30ml / 2 łyżki wina ryżowego lub wytrawnego sherry
15 ml / 1 łyżka sosu sojowego
10 ml / 2 łyżeczki sosu ostrygowego
10 ml / 2 łyżeczki oleju sezamowego
9 chińskich liter

Grzyby moczymy przez 30 minut w ciepłej wodzie, następnie odcedzamy. Usuń łodygi i odetnij kapelusze. Rozgrzej olej i smaż wieprzowinę przez 5 minut. Dodaj grzyby, pędy bambusa, kasztany wodne, dymkę i mięso kraba i smaż przez 2 minuty. Połącz wino lub sherry, sos sojowy, sos ostrygowy i olej sezamowy i wymieszaj na patelni. Zdjąć z ognia. W międzyczasie blanszować chińskie liście we wrzącej wodzie przez 1 minutę.

kanał. Umieść łyżkę mieszanki wieprzowej na środku każdego arkusza, złóż boki i zwiń do podania.

Klopsiki wieprzowe i kasztanowe

Serwuje 4

450 g mielonej wieprzowiny (mielonej).
50 g pieczarek, drobno posiekanych
50 g kasztanów wodnych, posiekanych
1 ząbek czosnku, rozgnieciony
1 ubite jajko
30 ml / 2 łyżki sosu sojowego
15 ml / 1 łyżka wina ryżowego lub wytrawnego sherry
5 ml / 1 łyżeczka mielonego korzenia imbiru
5 ml / 1 łyżeczka cukru
sól
30 ml / 2 łyżki mąki kukurydzianej (skrobia kukurydziana)
smażymy na oleju

Wszystkie składniki oprócz mąki kukurydzianej wymieszać i z masy uformować kulki. Obtoczyć w skrobi kukurydzianej. Rozgrzej olej i smaż klopsiki na złoty kolor przez około 10 minut. Dobrze odcedź przed podaniem.

Pierogi wieprzowe

4—6 porcji

450 g mąki (uniwersalnej).

500 ml / 17 uncji / 2 szklanki wody

450 g mielonej gotowanej wieprzowiny

225 g obranych krewetek, pokrojonych na małe kawałki

4 łodygi selera naciowego, posiekane

15 ml / 1 łyżka sosu sojowego

15 ml / 1 łyżka wina ryżowego lub wytrawnego sherry

15 ml / 1 łyżka oleju sezamowego

5 ml / 1 łyżeczka soli

2 dymki (szalotka), drobno posiekane

2 ząbki czosnku, posiekane

1 plasterek korzenia imbiru, posiekany

Wymieszaj mąkę i wodę, aż uzyskasz miękkie ciasto i dobrze ugniataj. Przykryć i odstawić na 10 minut. Ciasto rozwałkuj jak najcieniej i pokrój w koła o średnicy 5 cm. Wymieszaj wszystkie pozostałe składniki. Włóż łyżkę mieszanki do każdego koła, zwilż brzegi i zamknij w półkolu. W garnku zagotuj wodę, a następnie ostrożnie zanurz w niej knedle.

Kotleciki wieprzowe i wołowe

Serwuje 4

100 g mielonej wieprzowiny (mielonej).

100 g mielonej wołowiny (mielonej).

1 plaster posiekanego boczku, posiekany (posiekany)

15 ml / 1 łyżka sosu sojowego

sól i pieprz

1 ubite jajko

30 ml / 2 łyżki mąki kukurydzianej (skrobia kukurydziana)

smażymy na oleju

Wymieszaj mieloną wołowinę i bekon, dopraw solą i pieprzem. Mieszamy z jajkiem, formujemy kulki wielkości orzecha włoskiego i posypujemy mąką kukurydzianą. Rozgrzej olej i smaż na złoty kolor. Dobrze odcedź przed podaniem.

krewetki motylkowe

Serwuje 4

450 g dużych obranych krewetek
15 ml / 1 łyżka sosu sojowego
5 ml / 1 łyżeczka wina ryżowego lub wytrawnego sherry
5 ml / 1 łyżeczka mielonego korzenia imbiru
2,5 ml / ¬Ω łyżeczki soli
2 ubite jajka
30 ml / 2 łyżki mąki kukurydzianej (skrobia kukurydziana)
15 ml/1 łyżka mąki (uniwersalnej).
smażymy na oleju

Pokrój krewetki na środku polędwicy i rozłóż je na kształt motyla. Dodaj sos sojowy, wino lub sherry, imbir i sól. Wlać krewetki i marynować przez 30 minut. Wyjąć z marynaty i osuszyć. Ubij jajko ze skrobią kukurydzianą i mąką, aż uzyskasz ciasto, i zanurz krewetki w cieście. Rozgrzej olej i smaż krewetki na złoty kolor. Dobrze odcedź przed podaniem.

krewetki chińskie

Serwuje 4

450 g obranych krewetek
30 ml / 2 łyżki sosu Worcestershire
15 ml / 1 łyżka sosu sojowego
15 ml / 1 łyżka wina ryżowego lub wytrawnego sherry
15 ml / 1 łyżka brązowego cukru

Włóż krewetki do miski. Wymieszaj pozostałe składniki, zalej krewetki i marynuj przez 30 minut. Ułożyć na blasze wyłożonej papierem do pieczenia i piec w nagrzanym piekarniku w temperaturze 150°C / 300°F / stopień gazu 2 przez 25 minut. Podawaj z małżami na ciepło lub na zimno według uznania gości.

smocze chmury

Serwuje 4

100 g krakersów krewetkowych

smażymy na oleju

Bardzo mocno rozgrzać olej. Dodawaj krakersy z krewetek garść na raz i smaż przez kilka sekund, aż zrobią się puszyste. Zdjąć z oleju i odsączyć na papierze kuchennym w czasie, gdy ciastka się pieką.

chrupiące krewetki

Serwuje 4

450 g łuskanego kraba tygrysiego

15 ml / 1 łyżka wina ryżowego lub wytrawnego sherry

10 ml / 2 łyżeczki sosu sojowego

5 ml/1 łyżeczka proszku pięciu przypraw

sól i pieprz

90 ml / 6 łyżek mąki kukurydzianej (skrobia kukurydziana)

2 ubite jajka

100 g bułki tartej

olej arachidowy do smażenia

Krewetki wymieszać z winem lub sherry, sosem sojowym i proszkiem pięciu przypraw, a następnie doprawić solą i pieprzem. Obtaczamy je w mące kukurydzianej, następnie w roztrzepanym jajku i bułce tartej. Smażymy na rozgrzanym oleju na złoty kolor w ciągu kilku minut, odcedzamy i podajemy od razu.

Krewetki z sosem imbirowym

Serwuje 4

15 ml / 1 łyżka sosu sojowego
5 ml / 1 łyżeczka wina ryżowego lub wytrawnego sherry
5 ml / 1 łyżeczka oleju sezamowego
450 g obranych krewetek
30 ml / 2 łyżki posiekanej świeżej pietruszki
15 ml / 1 łyżka octu winnego
5 ml / 1 łyżeczka mielonego korzenia imbiru

Wymieszaj sos sojowy, wino lub sherry i olej sezamowy. Zalej krewetki, przykryj i marynuj przez 30 minut. Grilluj krewetki przez kilka minut, aż się ugotują, a następnie skrop marynatą. W międzyczasie wymieszaj z krewetkami pietruszkę, ocet winny i imbir.

Roladki Makaronowe I Krewetki

Serwuje 4

50 g makaronu jajecznego pokrojonego na kawałki
15 ml / 1 łyżka oleju arachidowego (arachidowego).
50 g chudej wieprzowiny, drobno posiekanej
100 g drobno posiekanych grzybów
3 dymki (szalotka), posiekane
100 g obranych krewetek, pokrojonych na małe kawałki
15 ml / 1 łyżka wina ryżowego lub wytrawnego sherry
sól i pieprz
24 wontonowe skórki
1 ubite jajko
smażymy na oleju

Makaron gotujemy we wrzącej wodzie przez 5 minut, następnie odcedzamy i kroimy na mniejsze kawałki. Rozgrzej olej i smaż wieprzowinę przez 4 minuty. Dodaj pieczarki i cebulę i smaż przez 2 minuty, a następnie zdejmij z ognia. Dodaj krewetki, wino lub sherry i makaron, dopraw solą i pieprzem do smaku. Umieść łyżkę mieszanki na środku każdego arkusza wonton i posmaruj krawędzie ubitym jajkiem. Złóż krawędzie, a następnie zwiń papier do pakowania, sklejając krawędzie. Rozgrzewamy olej i smażymy roladki

po kilka na raz przez około 5 minut na złoty kolor. Przed podaniem odsączyć na papierze kuchennym.

krewetki Toast

Serwuje 4

*2 jajka 450 g obranych krewetek, pokrojonych na małe kawałki
15 ml / 1 łyżka mąki kukurydzianej (skrobi kukurydzianej)
1 cebula, drobno posiekana
30 ml / 2 łyżki sosu sojowego
15 ml / 1 łyżka wina ryżowego lub wytrawnego sherry
5 ml / 1 łyżeczka soli
5 ml / 1 łyżeczka mielonego korzenia imbiru
8 kromek chleba pokrojonego w trójkąty
smażymy na oleju*

Wymieszaj 1 jajko z pozostałymi składnikami oprócz chleba i oleju. Wlej mieszankę na trójkąty chleba i dociśnij kopułę. Pomaluj pozostałym jajkiem. Rozgrzej około 5 cm oleju i smaż trójkątne kostki chleba na złoty kolor. Dobrze odcedź przed podaniem.

Wontony wieprzowo-krewetkowe z sosem słodko-kwaśnym

Serwuje 4

120 ml / 4 fl oz / ½ szklanki wody

60 ml / 4 łyżki octu winnego

60 ml / 4 łyżki brązowego cukru

30 ml / 2 łyżki koncentratu pomidorowego √ © e (pasta)

10 ml / 2 łyżeczki mąki kukurydzianej (skrobi kukurydzianej)

25 g drobno posiekanych grzybów

25 g obranych krewetek, posiekanych

50 g mielonej chudej wieprzowiny

2 dymki (szalotka), posiekane

5 ml / 1 łyżeczka sosu sojowego

2,5 ml / ½ łyżeczki startego korzenia imbiru

1 ząbek czosnku, rozgnieciony

24 wontonowe skórki

smażymy na oleju

W rondelku wymieszaj wodę, ocet winny, cukier, koncentrat pomidorowy i skrobię kukurydzianą. Doprowadzić do wrzenia, ciągle mieszając, a następnie gotować na małym ogniu przez 1 minutę. Zdjąć z ognia i trzymać w cieple.

Wmieszać grzyby, krewetki, wieprzowinę, szalotki, sos sojowy, imbir i czosnek. Nakładamy łyżkę nadzienia na każdą skórkę, brzegi smarujemy wodą i dociskamy. Rozgrzać olej i smażyć wontony jeden po drugim na złoty kolor. Odsącz na papierze kuchennym i podawaj na gorąco z sosem słodko-kwaśnym.

Rosół

2 litry / 3½ punktu / 8½ filiżanki

1,5 kg gotowanych lub surowych kości z kurczaka

450 g kości wieprzowych

1 cm / ½ posiekanego korzenia imbiru

3 dymki (szalotka), pokrojone w plasterki

1 ząbek czosnku, rozgnieciony

5 ml / 1 łyżeczka soli

2,25 litra / 4pt / 10 szklanek wody

Wszystkie składniki zagotować, przykryć i dusić 15 minut. Usuń tłuszcz. Przykryj i gotuj na małym ogniu przez półtorej godziny. Przefiltrować, ostudzić i odsączyć. Zamrozić w małych porcjach lub przechowywać w lodówce i spożyć w ciągu 2 dni.

Zupa z wieprzowiny i kiełków fasoli

Serwuje 4

450 g mielonej wieprzowiny
1,5 l / 2½ pt / 6 filiżanek bulionu z kurczaka
5 plasterków korzenia imbiru
350 g kiełków fasoli
15 ml / 1 łyżka soli

Blanszować wieprzowinę we wrzącej wodzie przez 10 minut, następnie odcedzić. Doprowadzić bulion do wrzenia i dodać wieprzowinę i imbir. Przykryć i gotować na małym ogniu przez 50 minut. Dodaj kiełki fasoli i sól i gotuj na wolnym ogniu przez 20 minut.

Zupa z Abalone i Pieczarek

Serwuje 4

60 ml / 4 łyżki oleju arachidowego (arachidowego).
100 g chudej wieprzowiny pokrojonej w paski
225g uchowca z puszki, pokrojonego w paski
100 g pieczarek pokrojonych w plasterki
2 łodygi selera pokrojone w plasterki
50 g szynki pokrojonej w paski
2 cebule, pokrojone w plasterki
1,5 l / 2½ pt / 6 szklanek wody
30 ml / 2 łyżki octu winnego
45 ml / 3 łyżki sosu sojowego
2 plasterki korzenia imbiru, posiekane
sól i świeżo zmielony pieprz
15 ml / 1 łyżka mąki kukurydzianej (skrobi kukurydzianej)
45 ml / 3 łyżki wody

Rozgrzać olej i smażyć wieprzowinę, uchowca, pieczarki, seler, szynkę i cebulę przez 8 minut. Dodaj wodę i ocet winny, zagotuj, przykryj i gotuj przez 20 minut. Dodać sos sojowy, imbir, sól i pieprz. Zmieszaj skrobię kukurydzianą na pastę wody, wlać do zupy i gotować na wolnym ogniu przez 5 minut, mieszając, aż zupa będzie klarowna i zgęstnieje.

Zupa z kurczaka i szparagów

Serwuje 4

100 g kurczaka, mielonego

2 białka jaj

2,5 ml / ½ łyżeczki soli

30 ml / 2 łyżki mąki kukurydzianej (skrobia kukurydziana)

225 g szparagów, pokrojonych na 5 cm kawałki

100 g kiełków fasoli

1,5 l / 2½ pt / 6 filiżanek bulionu z kurczaka

100 g pieczarek

Wymieszać kurczaka z białkami, solą i skrobią kukurydzianą i odstawić na 30 minut. Gotuj pierś z kurczaka we wrzącej wodzie przez 10 minut, a następnie dobrze odsącz. Blanszuj szparagi we wrzącej wodzie przez 2 minuty, a następnie odcedź. Zblanszować kiełki fasoli we wrzącej wodzie przez 3 minuty, a następnie przecedzić. Wlej bulion do dużego garnka i dodaj kurczaka, szparagi, pieczarki i kiełki fasoli. Zagotować i doprawić solą. Gotuj na wolnym ogniu przez kilka minut, aby smaki się rozwinęły i aż warzywa będą miękkie, ale nadal chrupiące.

Zupa z wołowiny

Serwuje 4

225 g mięsa mielonego (pokrojonego na małe kawałki).
15 ml / 1 łyżka sosu sojowego
15 ml / 1 łyżka wina ryżowego lub wytrawnego sherry
15 ml / 1 łyżka mąki kukurydzianej (skrobi kukurydzianej)
1,2 l / 2 szt. / 5 filiżanek rosołu
5 ml / 1 łyżeczka sosu z fasoli chilli
sól i pieprz
2 ubite jajka
6 cebul dymek (szallion), posiekanych

Wymieszaj wołowinę z sosem sojowym, winem lub sherry i skrobią kukurydzianą. Dodać do bulionu i doprowadzić do wrzenia, mieszając. Dodaj sos z ostrej fasoli, sól i pieprz do smaku, przykryj i gotuj na wolnym ogniu przez około 10 minut, od czasu do czasu mieszając. Dodaj jajka i podawaj posypane dymką.

Chińska zupa z wołowiny i liści

Serwuje 4

200 g chudej wołowiny pokrojonej w paski
15 ml / 1 łyżka sosu sojowego
15 ml / 1 łyżka oleju arachidowego (arachidowego).
1,5 l / 2½ pt / 6 filiżanek bulionu wołowego
5 ml / 1 łyżeczka soli
2,5 ml / ½ łyżeczki cukru
½ główki chińskiego liścia pokrojonego na kawałki

Wymieszaj mięso z sosem sojowym i olejem i marynuj przez 30 minut, od czasu do czasu mieszając. Doprowadzić bulion z solą i cukrem do wrzenia, dodać chińskie liście i gotować na wolnym ogniu przez około 10 minut, aż będzie prawie ugotowany. Dodać mięso i dusić jeszcze 5 minut.

Kapuśniak

Serwuje 4

60 ml / 4 łyżki oleju arachidowego (arachidowego).
2 cebule, posiekane
100 g chudej wieprzowiny pokrojonej w paski
225 g kapusty pekińskiej, startej
10 ml / 2 łyżeczki cukru
1,2 l / 2 szt. / 5 filiżanek rosołu
45 ml / 3 łyżki sosu sojowego
sól i pieprz
15 ml / 1 łyżka mąki kukurydzianej (skrobi kukurydzianej)

Rozgrzej olej i smaż cebulę i wieprzowinę, aż się zrumienią. Dodaj kapustę i cukier i smaż przez 5 minut. Dodaj bulion i sos sojowy, dopraw solą i pieprzem do smaku. Doprowadzić do wrzenia, przykryć i gotować na wolnym ogniu przez 20 minut. Mąkę kukurydzianą wymieszaj z odrobiną wody, dodaj do zupy i gotuj, aż zupa zgęstnieje i stanie się przezroczysta.

pikantna zupa z wołowiny

Serwuje 4

45 ml / 3 łyżki oleju arachidowego (arachidowego).

1 ząbek czosnku, rozgnieciony

5 ml / 1 łyżeczka soli

225 g mięsa mielonego (pokrojonego na małe kawałki).

6 cebul dymek (szalotki), pokrojonych w paski

1 czerwona papryka pokrojona w paski

1 zielona papryka, pokrojona w paski

225 g drobno posiekanej kapusty

1 l / 1¾pt / 4¼ szklanki bulionu wołowego

30 ml / 2 łyżki sosu śliwkowego

30 ml / 2 łyżki sosu hoisin

45 ml / 3 łyżki sosu sojowego

2 plasterki imbiru, usunięte łodygi, drobno posiekane

2 jajka

5 ml / 1 łyżeczka oleju sezamowego

225 g namoczonego przezroczystego makaronu

Rozgrzej olej i smaż czosnek i sól na złoty kolor. Dodaj mięso i szybko podsmaż. Dodaj warzywa i gotuj, aż będą przezroczyste. Dodać bulion, sos śliwkowy, sos hoisin, 30ml/2 łyżkę sosu imbirowo-sojowego, zagotować i gotować na wolnym ogniu przez 10 minut. Ubij jajka z olejem sezamowym i pozostałym sosem sojowym. Dodaj go do zupy z makaronem i gotuj, mieszając, aż jajko będzie żylaste, a makaron miękki.

niebiańska zupa

Serwuje 4

2 dymki (szalotka), posiekane

1 ząbek czosnku, rozgnieciony

30 ml / 2 łyżki posiekanej świeżej pietruszki

5 ml / 1 łyżeczka soli

15 ml / 1 łyżka oleju arachidowego (arachidowego).

30 ml / 2 łyżki sosu sojowego

1,5 l / 2½ pt / 6 szklanek wody

Wymieszaj dymkę, czosnek, pietruszkę, sól, olej i sos sojowy. Doprowadź wodę do wrzenia, zalej mieszanką szczypiorku i pozostaw na 3 minuty.

Zupa z kurczaka i pędów bambusa

Serwuje 4

2 udka z kurczaka
30 ml / 2 łyżki oleju arachidowego (arachidowego).
5 ml / 1 łyżeczka wina ryżowego lub wytrawnego sherry
1,5 l / 2½ pt / 6 filiżanek bulionu z kurczaka
3 dymki, pokrojone w plasterki
100 g pędów bambusa pokrojonych na kawałki
5 ml / 1 łyżeczka mielonego korzenia imbiru
sól

Kurczaka obrać z kości i pokroić w kostkę. Rozgrzać olej i obsmażyć pierś z kurczaka z każdej strony. Dodaj bulion, szalotki, pędy bambusa i imbir, zagotuj i gotuj na wolnym ogniu około 20 minut, aż kurczak będzie miękki. Doprawić solą przed podaniem.

Zupa Z Kurczaka I Kukurydzy

Serwuje 4

1 l / 1¾ pt / 4¼ szklanki bulionu drobiowego
100 g kurczaka pokrojonego na małe kawałki
200 g kremu ze słodkiej kukurydzy
szynkę kroimy w plasterki i kroimy na małe kawałki
ubite jajko
15 ml / 1 łyżka wina ryżowego lub wytrawnego sherry

Doprowadzić bulion i kurczaka do wrzenia, przykryć i gotować na wolnym ogniu przez 15 minut. Dodaj kukurydzę i szynkę, przykryj i gotuj na wolnym ogniu przez 5 minut. Dodać jajko i sherry, powoli mieszając patyczkiem, aby jajka utworzyły nitki. Zdjąć z ognia, przykryć i odstawić na 3 minuty przed podaniem.

Zupa Kurczak Imbir

Serwuje 4

4 suszone grzyby chińskie
1,5 l / 2½ pt / 6 szklanek wody lub bulionu drobiowego
225 g kurczaka pokrojonego w kostkę
10 plasterków korzenia imbiru
5 ml / 1 łyżeczka wina ryżowego lub wytrawnego sherry
sól

Grzyby moczymy przez 30 minut w ciepłej wodzie, następnie odcedzamy. Odrzuć łodygi. Zagotuj wodę lub bulion z resztą składników i gotuj na wolnym ogniu przez około 20 minut, aż kurczak będzie miękki.

Chińska Zupa Pieczarkowa Z Kurczaka

Serwuje 4

25 g suszonych grzybów chińskich

100 g kurczaka, mielonego

50 g pędów bambusa, startych

30 ml / 2 łyżki sosu sojowego

30ml / 2 łyżki wina ryżowego lub wytrawnego sherry

1,2 l / 2 szt. / 5 filiżanek rosołu

Grzyby moczymy przez 30 minut w ciepłej wodzie, następnie odcedzamy. Usuń łodygi i odetnij wierzchołki. Blanszuj grzyby, kurczaka i pędy bambusa we wrzącej wodzie przez 30 sekund, a następnie odcedź. Włóż je do miski i wymieszaj sos sojowy z winem lub sherry. Pozostaw do marynowania na 1 godzinę. Zagotuj bulion, dodaj kurczaka i marynatę. Dobrze wymieszaj i gotuj na wolnym ogniu przez kilka minut, aż kurczak będzie miękki.

Zupa z kurczaka i ryżu

Serwuje 4

1 l / 1¾ pt / 4¼ szklanki bulionu drobiowego

225 g / 8 uncji / 1 szklanka ugotowanego ryżu długoziarnistego

100 g gotowanego kurczaka pokrojonego w paski

1 cebula, pokrojona w krążki

5 ml / 1 łyżeczka sosu sojowego

Podgrzej wszystkie składniki, aż będą gorące, nie gotując zupy.

Zupa Kokosowa Z Kurczaka

Serwuje 4

350 g piersi z kurczaka

sól

10 ml / 2 łyżeczki mąki kukurydzianej (skrobi kukurydzianej)

30 ml / 2 łyżki oleju arachidowego (arachidowego).

1 zielona papryka, posiekana

1 l / 1¾pt / 4¼ szklanki mleka kokosowego

5 ml / 1 łyżeczka skórki z cytryny

12 liczi

szczypta startej gałki muszkatołowej

sól i świeżo zmielony pieprz

2 liście trawy cytrynowej

Pierś z kurczaka kroimy ukośnie od parmezanu w paski. Posypać solą i przykryć mąką kukurydzianą. W woku rozgrzać 10 ml/2 łyżeczki oleju, obrócić i wlać. Powtórz jeszcze raz. Rozgrzej pozostały olej i smaż kurczaka i czerwoną paprykę przez 1 minutę. Dodać mleko kokosowe i doprowadzić do wrzenia. Dodaj skórkę z cytryny i gotuj na małym ogniu przez 5 minut. Dodaj liczi, dopraw gałką muszkatołową, solą i pieprzem i podawaj udekorowane trawą cytrynową.

Chowder z mięczaków

Serwuje 4

2 suszone grzyby chińskie
12 małży namoczonych i oczyszczonych
1,5 l / 2½ pt / 6 filiżanek bulionu z kurczaka
50 g pędów bambusa, startych
50 g słodkiego groszku przekrojonego na pół
2 dymki (szalotka), pokrojone w krążki
15 ml / 1 łyżka wina ryżowego lub wytrawnego sherry
szczypta świeżo zmielonego pieprzu

Grzyby moczymy przez 30 minut w ciepłej wodzie, następnie odcedzamy. Usuń łodygi i przekrój wierzchołki na pół. Gotuj małże na parze przez około 5 minut, aż się otworzą; odrzuć te, które pozostają zamknięte. Wyjmij małże z muszli. Doprowadzić bulion do wrzenia i dodać grzyby, pędy bambusa, groszek i dymkę. Gotuj bez przykrycia przez 2 minuty. Dodaj małże, wino lub sherry, dopraw pieprzem i gotuj na wolnym ogniu, aż się rozgrzeją.

zupa jajeczna

Serwuje 4

1,2 l / 2 szt. / 5 filiżanek rosołu
3 ubite jajka
45 ml / 3 łyżki sosu sojowego
sól i świeżo zmielony pieprz
4 dymki (szalotka), pokrojone w plasterki

Zagotuj bulion. Ubijaj ubite jajka po trochu, aby stały się żylaste. Dodać sos sojowy oraz sól i pieprz do smaku. Podawać udekorowane szczypiorkiem.

Zupa z kraba i małży

Serwuje 4

4 suszone grzyby chińskie

15 ml / 1 łyżka oleju arachidowego (arachidowego).

1 ubite jajko

1,5 l / 2½ pt / 6 filiżanek bulionu z kurczaka

175g mięsa kraba, płatków

100 g obranych przegrzebków, pokrojonych w plastry

100 g pędów bambusa, pokrojonych w plasterki

2 dymki (szalotka), posiekane

1 plasterek korzenia imbiru, posiekany

kilka gotowanych i obranych krewetek (opcjonalnie)

45 ml / 3 łyżki mąki kukurydzianej (skrobia kukurydziana)

90 ml / 6 łyżek wody

30ml / 2 łyżki wina ryżowego lub wytrawnego sherry

20 ml / 4 łyżeczki sosu sojowego

2 białka jaj

Grzyby moczymy przez 30 minut w ciepłej wodzie, następnie odcedzamy. Usuń łodygi i pokrój wierzchołki na cienkie plasterki. Rozgrzej olej, wbij jajko i przechyl patelnię tak, aby jajko przykryło dno. sztuczny przetrzeć przez sito, odwrócić i smażyć również z drugiej strony. Wyjąć z formy, zwinąć i pokroić w cienkie paski.

Doprowadź bulion do wrzenia, dodaj grzyby, paski jajek, mięso kraba, przegrzebki, pędy bambusa, szalotki, imbir i krewetki, jeśli używasz. Odświeżmy to. Wymieszaj mąkę kukurydzianą z 60ml/4 łyżkami wody, winem lub sherry i sosem sojowym i dodaj do zupy. Gotować na małym ogniu, mieszając, aż zupa zgęstnieje. Białka ubijamy z pozostałą wodą na sztywną pianę i powoli wlewamy do zupy, energicznie mieszając.

zupa krabowa

Serwuje 4

90 ml / 6 łyżek oleju arachidowego (arachidowego).

3 cebule, posiekane

225 g białego i brązowego mięsa kraba

1 plasterek korzenia imbiru, posiekany

1,2 l / 2 szt. / 5 filiżanek rosołu

150ml / ¼ pt / kieliszek wina ryżowego lub wytrawnego sherry

45 ml / 3 łyżki sosu sojowego

sól i świeżo zmielony pieprz

Rozgrzej olej i smaż cebulę, aż będzie miękka, ale nie zrumieniona. Dodaj mięso kraba i imbir i smaż przez 5 minut. Dodać bulion, wino lub sherry i sos sojowy, doprawić solą i pieprzem. Doprowadzić do wrzenia, a następnie gotować na wolnym ogniu przez 5 minut.

Zupa rybna

Serwuje 4

225 g filetu rybnego

1 plasterek korzenia imbiru, posiekany

15 ml / 1 łyżka wina ryżowego lub wytrawnego sherry

30 ml / 2 łyżki oleju arachidowego (arachidowego).

1,5 l / 2½ pt / 6 szklanek soku rybnego

Pokrój rybę w paski cieńsze niż oczy. Wymieszaj imbir, wino lub sherry i olej, dodaj rybę i delikatnie wymieszaj. Pozostaw do marynowania na 30 minut, od czasu do czasu mieszając. Zagotuj bulion, dodaj rybę i gotuj przez 3 minuty.

Zupa rybna i sałatka

Serwuje 4

225 g filetu z białej ryby

30 ml / 2 łyżki mąki (uniwersalnej).

sól i świeżo zmielony pieprz

90 ml / 6 łyżek oleju arachidowego (arachidowego).

6 cebul dymek (szalotka), pokrojonych w plasterki

100 g posiekanej sałaty

1,2L / 2pt / 5 szklanek wody

10 ml / 2 łyżeczki drobno posiekanego korzenia imbiru

150 ml wina ryżowego lub wytrawnego sherry

30 ml / 2 łyżki mąki kukurydzianej (skrobia kukurydziana)

30 ml / 2 łyżki posiekanej świeżej pietruszki

10 ml / 2 łyżeczki soku z cytryny

30 ml / 2 łyżki sosu sojowego

Rybę pokroić w cienkie paski i obtoczyć w aromatyzowanej mące. Rozgrzej olej i smaż cebulę do miękkości. Dodaj sałatkę i gotuj przez 2 minuty. Dodaj rybę i gotuj przez 4 minuty. Dodaj wodę, imbir i wino lub sherry, zagotuj, przykryj i gotuj przez 5 minut. Wymieszaj mąkę kukurydzianą z odrobiną wody, a następnie dodaj ją do zupy. Dusić, mieszając, jeszcze przez 4 minuty, aż zupa się zatrzyma

przepłukać, po czym doprawić solą i pieprzem. Podawać posypane natką pietruszki, sokiem z cytryny i sosem sojowym.

Zupa imbirowa z klopsikami

Serwuje 4

5 cm / 2 kawałki korzenia imbiru, startego
350 g cukru trzcinowego
1,5 l / 2½ pt / 7 szklanek wody
225 g / 8 uncji / 2 szklanki mąki ryżowej
2,5 ml / ½ łyżeczki soli
60 ml / 4 łyżki wody

Umieść imbir, cukier i wodę w rondlu i wymieszaj. Przykryj i gotuj przez około 20 minut. Odcedź zupę i przelej z powrotem do garnka.

W międzyczasie wsyp mąkę i sól do miski, a następnie stopniowo mieszaj z wystarczającą ilością wody, aby uzyskać gęste ciasto. Formujemy kulki i wlewamy kluski do zupy. Doprowadzić zupę do wrzenia, przykryć i gotować jeszcze 6 minut, aż pierogi będą miękkie.

gorąca i kwaśna zupa

Serwuje 4

8 suszonych grzybów chińskich
1 l / 1¾ pt / 4¼ szklanki bulionu drobiowego
100 g kurczaka pokrojonego w paski
100 g pędów bambusa pokrojonych w paski
100 g tofu pokrojonego w paski
15 ml / 1 łyżka sosu sojowego
30 ml / 2 łyżki octu winnego
30 ml / 2 łyżki mąki kukurydzianej (skrobia kukurydziana)
2 ubite jajka
kilka kropli oleju sezamowego

Grzyby moczymy przez 30 minut w ciepłej wodzie, następnie odcedzamy. Usuń łodygi i pokrój kapelusze w paski. Doprowadzić grzyby, bulion, kurczaka, pędy bambusa i tofu do wrzenia, przykryć i gotować na wolnym ogniu przez 10 minut. Zmieszaj sos sojowy, ocet winny i skrobię kukurydzianą na gładką masę, dodaj do zupy i gotuj na wolnym ogniu przez 2 minuty, aż zupa będzie klarowna. Stopniowo dodawać jajko i olej sezamowy, wymieszać trzepaczką. Przykryj i odstaw na 2 minuty przed podaniem.

Zupa grzybowa

Serwuje 4

15 suszonych grzybów chińskich
1,5 l / 2½ pt / 6 filiżanek bulionu z kurczaka
5 ml / 1 łyżeczka soli

Grzyby namoczyć w ciepłej wodzie przez 30 minut, następnie odcedzić, zachowując płyn. Usuń łodygi i przekrój na pół wierzchołki, jeśli są duże, i umieść w dużym naczyniu żaroodpornym. Umieść pojemnik na stojaku w parowarze. Doprowadzić bulion do wrzenia, zalać nim grzyby, przykryć i gotować we wrzącej wodzie przez 1 godzinę. Dopraw solą i podawaj.

Zupa z grzybów i kapusty

Serwuje 4

25 g suszonych grzybów chińskich
15 ml / 1 łyżka oleju arachidowego (arachidowego).
50 g posiekanych chińskich liści
15 ml / 1 łyżka wina ryżowego lub wytrawnego sherry
15 ml / 1 łyżka sosu sojowego
1,2 l / 2 punkty / 5 filiżanek rosołu lub zupy jarzynowej
sól i świeżo zmielony pieprz
5 ml / 1 łyżeczka oleju sezamowego

Grzyby moczymy przez 30 minut w ciepłej wodzie, następnie odcedzamy. Usuń łodygi i odetnij wierzchołki. Rozgrzej olej i smaż grzyby i liście chińskie przez 2 minuty, aż się dobrze pokryją. Zalej winem lub sherry i sosem sojowym, a następnie dodaj bulion. Doprowadzić do wrzenia, doprawić solą i pieprzem, a następnie gotować na wolnym ogniu przez 5 minut. Przed podaniem posyp olejem sezamowym.

Zupa Jajeczna Pieczarkowa

Serwuje 4

1 l / 1¾ pt / 4¼ szklanki bulionu drobiowego

30 ml / 2 łyżki mąki kukurydzianej (skrobia kukurydziana)

100 g pieczarek pokrojonych w plasterki

1 plasterek cebuli, drobno posiekanej

szczypta soli

3 krople oleju sezamowego

2,5 ml / ½ łyżeczki sosu sojowego

1 ubite jajko

Wymieszaj trochę bulionu ze skrobią kukurydzianą, a następnie wymieszaj wszystkie składniki oprócz jajka. Doprowadzić do wrzenia, przykryć i gotować na wolnym ogniu przez 5 minut. Dodać jajko, mieszając patyczkiem, aby z jajka utworzyły się nitki. Zdjąć z ognia i odstawić na 2 minuty przed podaniem.

Zupa grzybowo-kasztanowa na wodzie

Serwuje 4

1 l / 1¾ pt / 4¼ szklanki bulionu warzywnego lub wody
2 cebule, drobno posiekane
5 ml / 1 łyżeczka wina ryżowego lub wytrawnego sherry
30 ml / 2 łyżki sosu sojowego
225 g borowików
100 g kasztanów wodnych, pokrojonych w plasterki
100 g pędów bambusa, pokrojonych w plasterki
kilka kropli oleju sezamowego
2 liście sałaty, pokrojone na kawałki
2 dymki (szalotka), pokrojone w kostkę

Doprowadzić wodę, cebulę, wino lub sherry i sos sojowy do wrzenia, przykryć i gotować na wolnym ogniu przez 10 minut. Dodaj grzyby, kasztany wodne i pędy bambusa, przykryj i gotuj na wolnym ogniu przez 5 minut. Dodaj olej sezamowy, liście sałaty i dymkę, zdejmij z ognia, przykryj i odstaw na 1 minutę przed podaniem.

Zupa Z Wieprzowiny I Pieczarek

Serwuje 4

60 ml / 4 łyżki oleju arachidowego (arachidowego).
1 ząbek czosnku, rozgnieciony
2 cebule, pokrojone w plasterki
225 g chudej wieprzowiny, pokrojonej w paski
1 łodyga selera, posiekana
50 g pieczarek pokrojonych w plastry
2 marchewki, pokrojone
1,2 l / 2 szt. / 5 filiżanek bulionu wołowego
15 ml / 1 łyżka sosu sojowego
sól i świeżo zmielony pieprz
15 ml / 1 łyżka mąki kukurydzianej (skrobi kukurydzianej)

Rozgrzej olej i smaż czosnek, cebulę i wieprzowinę, aż cebula będzie miękka i lekko zrumieniona. Dodaj seler, pieczarki i marchewkę, przykryj i gotuj na wolnym ogniu przez 10 minut. Doprowadź bulion do wrzenia, następnie wlej go do garnka z sosem sojowym, dopraw solą i pieprzem. Mąkę kukurydzianą wymieszać z odrobiną wody, następnie wlać do garnka i gotować mieszając przez około 5 minut.

Zupa z wieprzowiny i rukwi wodnej

Serwuje 4

1,5 l / 2½ pt / 6 filiżanek bulionu z kurczaka
100 g chudej wieprzowiny pokrojonej w paski
3 łodygi selera, pokrojone ukośnie
2 dymki (szalotka), pokrojone w plasterki
1 pęczek rzeżuchy
5 ml / 1 łyżeczka soli

Zagotować bulion, dodać wieprzowinę i seler, przykryć i dusić 15 minut. Dodaj dymkę, rukiew wodną i sól i gotuj na wolnym ogniu przez około 4 minuty.

Zupa Ogórkowa Wieprzowina

Serwuje 4

100 g chudej wieprzowiny, cienko pokrojonej
5 ml / 1 łyżeczka mąki kukurydzianej (skrobi kukurydzianej)
15 ml / 1 łyżka sosu sojowego
15 ml / 1 łyżka wina ryżowego lub wytrawnego sherry
1 ogórek
1,5 l / 2½ pt / 6 filiżanek bulionu z kurczaka
5 ml / 1 łyżeczka soli

Dodaj wieprzowinę, skrobię kukurydzianą, sos sojowy i wino lub sherry. Mieszaj, aby pokryć wieprzowinę. Obierz ogórka i przekrój go wzdłuż na pół, a następnie usuń nasiona. Pokroić w grube plastry. Zagotuj bulion, dodaj wieprzowinę, przykryj i gotuj na wolnym ogniu przez 10 minut. Dodaj ogórka i smaż przez kilka minut, aż będzie przezroczysty. Dodaj sól i dodaj trochę sosu sojowego, jeśli chcesz.

Zupa z klopsikami i makaronem

Serwuje 4

50 g makaronu ryżowego

225 g mielonej wieprzowiny (mielonej).

5 ml / 1 łyżeczka mąki kukurydzianej (skrobi kukurydzianej)

2,5 ml / ½ łyżeczki soli

30 ml / 2 łyżki wody

1,5 l / 2½ pt / 6 filiżanek bulionu z kurczaka

1 dymka (cebula), drobno posiekana

5 ml / 1 łyżeczka sosu sojowego

Namocz ciasto w zimnej wodzie, aż uformują się klopsiki. Zmieszaj wieprzowinę, skrobię kukurydzianą, odrobinę soli i wodę i uformuj kulki wielkości orzecha włoskiego. Zagotuj wodę w garnku, dodaj klopsiki wieprzowe, przykryj i gotuj na wolnym ogniu przez 5 minut. Dobrze odcedź i odsącz makaron. Doprowadzić bulion do wrzenia, dodać klopsiki wieprzowe i makaron, przykryć i gotować na wolnym ogniu przez 5 minut. Dodaj szalotki, sos sojowy i pozostałą sól i smaż przez kolejne 2 minuty.

Zupa ze szpinaku i tofu

Serwuje 4

1,2 l / 2 szt. / 5 filiżanek rosołu

200 g pomidorów z puszki, odsączonych i posiekanych

225 g pokrojonego w kostkę tofu

225 g posiekanego szpinaku

30 ml / 2 łyżki sosu sojowego

5 ml / 1 łyżeczka brązowego cukru

sól i świeżo zmielony pieprz

Doprowadzić bulion do wrzenia, następnie dodać pomidory, tofu i szpinak i delikatnie wymieszać. Ponownie doprowadzić do wrzenia i gotować przez 5 minut. Dodaj sos sojowy i cukier, dopraw solą i pieprzem do smaku. Dusić przez 1 minutę przed podaniem.

Sok ze słodkiej kukurydzy i kraba

Serwuje 4

1,2 l / 2 szt. / 5 filiżanek rosołu

200 g słodkiej kukurydzy

sól i świeżo zmielony pieprz

1 ubite jajko

200 g mięsa krabów, płatków

3 szalotki, posiekane

Doprowadzić bulion do wrzenia, dodać słodką kukurydzę i doprawić solą i pieprzem. Gotuj na małym ogniu przez 5 minut. Tuż przed podaniem ubij jajka widelcem i ubij je nad zupą. Podawać posypane mięsem kraba i posiekaną szalotką.

Zupa Syczuańska

Serwuje 4

4 suszone grzyby chińskie

1,5 l / 2½ pt / 6 filiżanek bulionu z kurczaka

75 ml / 5 łyżek wytrawnego białego wina

15 ml / 1 łyżka sosu sojowego

2,5 ml / 1/2 łyżeczki ostrego sosu

30 ml / 2 łyżki mąki kukurydzianej (skrobia kukurydziana)

60 ml / 4 łyżki wody

100 g chudej wieprzowiny pokrojonej w paski

50 g gotowanej szynki pokrojonej w paski

1 czerwona papryka pokrojona w paski

50 g kasztanów wodnych, pokrojonych w plasterki

10 ml / 2 łyżeczki octu winnego

5 ml / 1 łyżeczka oleju sezamowego

1 ubite jajko

100 g obranych krewetek

6 cebul dymek (szallion), posiekanych

175 g tofu pokrojonego w kostkę

Grzyby moczymy przez 30 minut w ciepłej wodzie, następnie odcedzamy. Usuń łodygi i odetnij wierzchołki. Przynieś rosół, wino, soję

salsę i sos chili, doprowadzić do wrzenia, przykryć i gotować na wolnym ogniu 5 minut. Wymieszaj mąkę kukurydzianą z połową wody i dodaj do zupy, mieszając, aż zgęstnieje. Dodaj pieczarki, wieprzowinę, szynkę, pieprz i kasztany wodne i gotuj na wolnym ogniu przez 5 minut. Wymieszaj ocet winny i olej sezamowy. Jajko roztrzepać z pozostałą wodą i wlać do zupy, energicznie mieszając. Dodaj krewetki, szalotki i tofu i smaż przez kilka minut, aby się podgrzały.

zupa z tofu

Serwuje 4

1,5 l / 2½ pt / 6 filiżanek bulionu z kurczaka
225 g pokrojonego w kostkę tofu
5 ml / 1 łyżeczka soli
5 ml / 1 łyżeczka sosu sojowego

Doprowadzić bulion do wrzenia i dodać tofu, sól i sos sojowy. Dusić kilka minut, aż tofu będzie gorące.

Zupa rybna i tofu

Serwuje 4

225 g filetu z białej ryby pokrojonego w paski

150 ml wina ryżowego lub wytrawnego sherry

10 ml / 2 łyżeczki drobno posiekanego korzenia imbiru

45 ml / 3 łyżki sosu sojowego

2,5 ml / ½ łyżeczki soli

60 ml / 4 łyżki oleju arachidowego (arachidowego).

2 cebule, posiekane

100 g pieczarek pokrojonych w plasterki

1,2 l / 2 szt. / 5 filiżanek rosołu

100 g tofu, pokrojonego w kostkę

sól i świeżo zmielony pieprz

Włóż rybę do miski. Wymieszaj wino lub sherry, imbir, sos sojowy i sól i polej rybę. Pozostaw do marynowania na 30 minut. Rozgrzej olej i smaż cebulę przez 2 minuty. Dodać pieczarki i dalej smażyć, aż cebula będzie miękka, ale nie zrumieniona. Dodaj rybę i marynatę, zagotuj, przykryj i gotuj przez 5 minut. Dodaj bulion, ponownie zagotuj, przykryj i gotuj na wolnym ogniu przez 15 minut. Dodaj tofu i dopraw solą i pieprzem do smaku. Gotuj, aż tofu się ugotuje.

Zupa pomidorowa

Serwuje 4

400 g pomidorów z puszki, odsączonych i posiekanych

1,2 l / 2 szt. / 5 filiżanek rosołu

1 plasterek korzenia imbiru, posiekany

15 ml / 1 łyżka sosu sojowego

15 ml / 1 łyżka sosu chilli

10 ml / 2 łyżeczki cukru

Wszystkie składniki umieścić w rondelku i zagotować na małym ogniu, od czasu do czasu mieszając. Gotuj przez około 10 minut przed podaniem.

Zupa pomidorowo-szpinakowa

Serwuje 4

1,2 l / 2 szt. / 5 filiżanek rosołu

225 g posiekanych pomidorów z puszki

225 g pokrojonego w kostkę tofu

225 g szpinaku

30 ml / 2 łyżki sosu sojowego

sól i świeżo zmielony pieprz

2,5 ml / ½ łyżeczki cukru

2,5 ml/½ łyżeczki wina ryżowego lub wytrawnego sherry

Doprowadź bulion do wrzenia, następnie dodaj pomidory, tofu i szpinak i gotuj na wolnym ogniu przez 2 minuty. Dodaj pozostałe składniki, gotuj na wolnym ogniu przez 2 minuty, a następnie dobrze wymieszaj i podawaj.

zupa z rzepy

Serwuje 4

1 l / 1¾ pt / 4¼ szklanki bulionu drobiowego

1 duża rzepa, cienko pokrojona

200 g chudej wieprzowiny, cienko pokrojonej

15 ml / 1 łyżka sosu sojowego

60ml / 4 łyżki brandy

sól i świeżo zmielony pieprz

4 szalotki, drobno posiekane

Doprowadzić bulion do wrzenia, dodać rzepę i wieprzowinę, przykryć i gotować na wolnym ogniu przez 20 minut, aż rzepa będzie miękka, a mięso miękkie. Wymieszać z sosem sojowym i brandy, doprawić do smaku. Ugotować na gorąco i podawać posypane szalotką.

zupa

Serwuje 4

6 suszonych grzybów chińskich
1 l / 1¾ pt / 4¼ szklanki bulionu warzywnego
50 g pędów bambusa pokrojonych w paski
50 g kasztanów wodnych, pokrojonych w plasterki
8 groszków, pokrojonych
5 ml / 1 łyżeczka sosu sojowego

Grzyby moczymy przez 30 minut w ciepłej wodzie, następnie odcedzamy. Usuń łodygi i pokrój kapelusze w paski. Dodaj do bulionu z pędami bambusa i kasztanami wodnymi, zagotuj, przykryj i gotuj przez 10 minut. Dodaj groszek śnieżny i sos sojowy, przykryj i gotuj na wolnym ogniu przez 2 minuty. Odstawić na 2 minuty przed podaniem.

zupa wegetariańska

Serwuje 4

¼ *kapusty*

2 marchewki

3 łodygi selera

2 dymki (szalotka)

30 ml / 2 łyżki oleju arachidowego (arachidowego).

1,5 l / 2½ pt / 6 szklanek wody

15 ml / 1 łyżka sosu sojowego

15 ml / 1 łyżka wina ryżowego lub wytrawnego sherry

5 ml / 1 łyżeczka soli

świeżo zmielony pieprz

Warzywa pokroić w paski. Rozgrzej olej i smaż warzywa przez 2 minuty, aż zaczną mięknąć. Dodaj pozostałe składniki, zagotuj, przykryj i gotuj na wolnym ogniu przez 15 minut.

zupa z rukwii wodnej

Serwuje 4

1 l / 1¾ pt / 4¼ szklanki bulionu drobiowego
1 cebula, drobno posiekana
1 łodyga selera, posiekana
225 g rukwi wodnej, grubo posiekanej
sól i świeżo zmielony pieprz

Doprowadzić bulion, cebulę i seler do wrzenia, przykryć i gotować na wolnym ogniu przez 15 minut. Dodaj rzeżuchę, przykryj i gotuj przez 5 minut. Dopraw solą i pieprzem.

Smażona ryba z warzywami

Serwuje 4

4 suszone grzyby chińskie
4 całe ryby, oczyszczone i bez łusek
smażymy na oleju
30 ml / 2 łyżki mąki kukurydzianej (skrobia kukurydziana)
45 ml / 3 łyżki oleju arachidowego (arachidowego).
100 g pędów bambusa pokrojonych w paski
50 g kasztanów wodnych pokrojonych w paski
50 g kapusty pekińskiej, posiekanej
2 plasterki korzenia imbiru, posiekane
30ml / 2 łyżki wina ryżowego lub wytrawnego sherry
30 ml / 2 łyżki wody
15 ml / 1 łyżka sosu sojowego
5 ml / 1 łyżeczka cukru
120 ml / 4 fl oz / ¬Ω szklanki soku rybnego
sól i świeżo zmielony pieprz
¬Ω główka sałaty, starta
15 ml / 1 łyżka posiekanej natki pietruszki

Grzyby moczymy przez 30 minut w ciepłej wodzie, następnie odcedzamy. Usuń łodygi i odetnij wierzchołki. Rybę przekroić na pół

mąkę kukurydzianą i strzepnąć nadmiar. Rozgrzej olej i smaż rybę przez około 12 minut, aż będzie miękka. Odsącz na papierze kuchennym i trzymaj w cieple.

Rozgrzej olej i smaż przez 3 minuty grzyby, pędy bambusa, kasztany wodne i kapustę. Dodaj imbir, wino lub sherry, 15 ml/1 łyżkę wody, sos sojowy i cukier i gotuj na wolnym ogniu przez 1 minutę. Dodaj bulion, sól i pieprz, zagotuj, przykryj i gotuj na wolnym ogniu przez 3 minuty. Mąkę kukurydzianą wymieszać z resztą wody, wlać do garnka i gotować mieszając, aż sos zgęstnieje. Ułóż sałatkę na talerzu do serwowania, a na wierzchu ułóż rybę. Polać warzywami i sosem i podawać udekorowane natką pietruszki.

Smażona cała ryba

Serwuje 4

1 duży okoń morski lub podobna ryba
45 ml / 3 łyżki mąki kukurydzianej (skrobia kukurydziana)
45 ml / 3 łyżki oleju arachidowego (arachidowego).
1 drobno posiekana cebula
2 ząbki czosnku, posiekane
50 g szynki pokrojonej w paski
100 g obranych krewetek
15 ml / 1 łyżka sosu sojowego
15 ml / 1 łyżka wina ryżowego lub wytrawnego sherry
5 ml / 1 łyżeczka cukru
5 ml / 1 łyżeczka soli

Przykryj rybę mąką kukurydzianą. Rozgrzej olej i smaż cebulę i czosnek na złoty kolor. Dodaj rybę i smaż na złoty kolor z obu stron. Przełóż rybę na folię aluminiową do brytfanki i udekoruj szynką i krewetkami. Dodaj sos sojowy, wino lub sherry, cukier i sól na patelnię i dobrze wymieszaj. Zalej rybę, zamknij folię i piecz w piekarniku nagrzanym do 150∞C przez 20 minut.

Ryba sojowa na parze

Serwuje 4

1 duży okoń morski lub podobna ryba

sól

50 g / 2 uncje / ¬Ω szklanki mąki uniwersalnej.

60 ml / 4 łyżki oleju arachidowego (arachidowego).

3 plastry korzenia imbiru, posiekane

3 dymki (szalotka), posiekane

250 ml / 8 uncji / 1 szklanka wody

45 ml / 3 łyżki sosu sojowego

15 ml / 1 łyżka wina ryżowego lub wytrawnego sherry

2,5 ml / ¬Ω łyżeczki cukru

Oczyść i oczyść rybę, pokrój ją po przekątnej z obu stron. Posyp solą i pozostaw na 10 minut. Rozgrzej olej i smaż rybę na złoty kolor z obu stron, raz przewróć i polewaj olejem w trakcie smażenia. Dodaj imbir, dymkę, wodę, sos sojowy, wino lub sherry i cukier, zagotuj, przykryj i gotuj na wolnym ogniu 20 minut, aż ryba będzie miękka. Podawać na ciepło lub na zimno.

Ryba sojowa z sosem ostrygowym

Serwuje 4

1 duży okoń morski lub podobna ryba

sól

60 ml / 4 łyżki oleju arachidowego (arachidowego).

3 dymki (szalotka), posiekane

2 plasterki korzenia imbiru, posiekane

1 ząbek czosnku, rozgnieciony

45 ml / 3 łyżki sosu ostrygowego

30 ml / 2 łyżki sosu sojowego

5 ml / 1 łyżeczka cukru

250 ml / 8 uncji / 1 szklanka bulionu rybnego

Oczyść i zwymiaruj rybę i natnij ją kilka razy po przekątnej z obu stron. Posyp solą i pozostaw na 10 minut. Rozgrzej większość oleju i smaż rybę na złoty kolor z obu stron, obracając raz. W międzyczasie rozgrzej pozostały olej na osobnej patelni i podsmaż dymkę, imbir i czosnek na złoty kolor. Dodaj sos ostrygowy, sos sojowy i cukier i gotuj na wolnym ogniu przez 1 minutę. Dodać bulion i doprowadzić do wrzenia. Wlać mieszaninę do dorado, ponownie doprowadzić do wrzenia, przykryć i gotować na wolnym ogniu przez ok.

15 minut, aż ryba będzie gotowa, obracając raz lub dwa razy w trakcie gotowania.

okoń morski gotowany na parze

Serwuje 4

1 duży okoń morski lub podobna ryba
2,25L / 4 sztuki / 10 szklanek wody
3 plastry korzenia imbiru, posiekane
15 ml / 1 łyżka soli
15 ml / 1 łyżka wina ryżowego lub wytrawnego sherry
30 ml / 2 łyżki oleju arachidowego (arachidowego).

Oczyść i oczyść rybę, a następnie wykonaj kilka ukośnych cięć z obu stron. W dużym garnku zagotuj wodę i dodaj pozostałe składniki. Zanurz rybę w wodzie, szczelnie przykryj, wyłącz ogień i pozostaw na 30 minut, aż ryba będzie miękka.

Ryba na parze z pieczarkami

Serwuje 4

4 suszone grzyby chińskie
1 duży karp lub podobna ryba
sól
45 ml / 3 łyżki oleju arachidowego (arachidowego).
2 dymki (szalotka), posiekane
1 plasterek korzenia imbiru, posiekany
3 ząbki czosnku, posiekane
100 g pędów bambusa pokrojonych w paski
250 ml / 8 uncji / 1 szklanka bulionu rybnego
30 ml / 2 łyżki sosu sojowego
15 ml / 1 łyżka wina ryżowego lub wytrawnego sherry
2,5 ml / ¬Ω łyżeczki cukru

Grzyby moczymy przez 30 minut w ciepłej wodzie, następnie odcedzamy. Usuń łodygi i odetnij wierzchołki. Wykonaj kilka ukośnych nacięć po obu stronach ryby, posyp solą i odstaw na 10 minut. Rozgrzej olej i smaż rybę z obu stron na złoty kolor. Dodaj dymkę, imbir i czosnek i smaż przez 2 minuty. Dodać pozostałe składniki, zagotować, przykryć i gotować 15 minut, aż ryba będzie miękka, obracając raz lub dwa razy, od czasu do czasu mieszając.

słodko kwaśna ryba

Serwuje 4

1 duży okoń morski lub podobna ryba
1 ubite jajko
50 g mąki kukurydzianej (skrobi kukurydzianej)
smażymy na oleju

Na sos:

15 ml / 1 łyżka oleju arachidowego (arachidowego).
1 zielona papryka, pokrojona w paski
100 g ananasa z puszki w syropie
1 cebula, pokrojona w krążki
100 g / 4 uncje / ¬Ω szklanki brązowego cukru
60 ml / 4 łyżki bulionu z kurczaka
60 ml / 4 łyżki octu winnego
15 ml / 1 łyżka koncentratu pomidorowego √ © e (pasta)
15 ml / 1 łyżka mąki kukurydzianej (skrobi kukurydzianej)
15 ml / 1 łyżka sosu sojowego
3 dymki (szalotka), posiekane

Oczyść rybę i, jeśli to konieczne, usuń płetwy i głowę. Przełóż go na ubite jajko, a następnie na skrobię kukurydzianą. Rozgrzej olej i smaż rybę, aż będzie miękka. Dobrze odcedź i trzymaj w cieple.

Aby zrobić sos, rozgrzej olej i podsmaż paprykę, odsączonego ananasa i cebulę przez 4 minuty. Dodać 30 ml/2 łyżki stołowe syropu ananasowego, cukier, bulion, ocet winny, koncentrat pomidorowy, skrobię kukurydzianą i sos sojowy, zagotować mieszając. Dusić, mieszając, aż sos się wyklaruje i zgęstnieje. Polej rybę i podawaj posypane szczypiorkiem.

Ryba faszerowana wieprzowiną

Serwuje 4

1 duży karp lub podobna ryba
sól
100 g mielonej wieprzowiny (mielonej).
1 dymka (cebula), drobno posiekana
4 plastry korzenia imbiru, posiekane
15 ml / 1 łyżka mąki kukurydzianej (skrobi kukurydzianej)
60 ml / 4 łyżki sosu sojowego
15 ml / 1 łyżka wina ryżowego lub wytrawnego sherry
5 ml / 1 łyżeczka cukru
75 ml / 5 łyżek oleju arachidowego (arachidowego).
2 ząbki czosnku, posiekane
1 cebula, pokrojona
300 ml / ¬Ω pt / 1¬° szklanki wody

Ryba jest oczyszczona, obrana z łusek i posypana solą. Wymieszaj wieprzowinę, dymkę, trochę imbiru, skrobię kukurydzianą, 15 ml/1 łyżkę sosu sojowego, wino lub sherry i cukier i nadziewaj rybę. Rozgrzać olej i smażyć rybę na złoty kolor z obu stron, następnie zdjąć z patelni i spuścić większość oleju. Dodaj pozostały czosnek i imbir i smaż, aż się zrumienią.

Dodaj pozostały sos sojowy i wodę, zagotuj i gotuj na wolnym ogniu przez 2 minuty. Umieść rybę z powrotem na patelni, przykryj i gotuj na wolnym ogniu przez około 30 minut, aż ryba będzie gotowa, obracając raz lub dwa razy.

Pikantny karp gotowany na parze

Serwuje 4

1 duży karp lub podobna ryba
150 ml / ¬° pt / hojny kubek ¬Ω oleju z orzeszków ziemnych.
15 ml / 1 łyżka cukru
2 ząbki czosnku, drobno posiekane
100 g pędów bambusa, pokrojonych w plasterki
150 ml / ¬° pt / dobra ¬Ω filiżanka zupy rybnej
15 ml / 1 łyżka wina ryżowego lub wytrawnego sherry
15 ml / 1 łyżka sosu sojowego
2 dymki (szalotka), posiekane
1 plasterek korzenia imbiru, posiekany
15 ml / 1 łyżka solonego octu winnego

Oczyścić i usunąć łuski z ryby i pozostawić do namoczenia na kilka godzin w zimnej wodzie. Odsącz i osusz, a następnie przytnij kilka razy z obu stron. Rozgrzej olej i smaż rybę z obu stron. Zdjąć z patelni, wlać i zachować wszystko oprócz 30 ml/2 łyżki oleju. Dodaj cukier na patelnię i mieszaj, aż się ściemni. Dodaj czosnek i pędy bambusa i dobrze wymieszaj. Dodaj pozostałe składniki, zagotuj, po czym rybę przełóż z powrotem na patelnię, przykryj i gotuj na wolnym ogniu przez około 15 minut, aż ryba będzie miękka.

Umieść rybę w gorącym garnku i zalej sosem.

www.ingramcontent.com/pod-product-compliance
Lightning Source LLC
Chambersburg PA
CBHW050349120526
44590CB00015B/1625